Eis aus der Eismaschine und Brotbackbuch

Das große 2-in-1 Kochbuch mit einfachen und leckeren Rezepten zum Eis selber machen und für hausgemachtes Brot mit Hefe und Sauerteig.

Inhalt

Eis selber machen

Vorwort

Liebe Leserin, lieber Leser,

willkommen zu diesem umfassenden Leitfaden zur Herstellung von Eis mit einer Eismaschine! Ich habe dieses Buch mit dem Ziel geschrieben, dich in die Welt der Eisherstellung einzuführen und dir alles beizubringen, was du wissen musst, um zu Hause köstliches Eis herstellen zu können.

Im Laufe dieses Buches wirst du lernen, wie du die richtigen Zutaten auswählst, welche Eismaschinen für deine Bedürfnisse am besten geeignet sind und wie du die Maschine effektiv bedienst, um das bestmögliche Ergebnis zu erzielen. Ich werde dir zeigen, wie du Probleme bei der Eisherstellung behebst und wie du deine Eismaschine pflegst und wartest, um ihre Lebensdauer zu verlängern.

Das ist jedoch nicht alles. Du wirst auch lernen, wie du deine eigene Kreativität nutzt, um einzigartige Eissorten zu kreieren. Ob du nun ein Neuling in der Welt des Eismachens bist oder jemand mit etwas mehr Erfahrung, ich bin überzeugt, dass du in diesem Buch wertvolle Einblicke und Informationen finden wirst.

Aber was wäre ein Buch über das Eismachen ohne Rezepte? Du findest hier eine Vielzahl von Rezepten, die dir helfen werden, deine neu erworbenen Fähigkeiten in die Praxis umzusetzen. Von klassischen Vanille- und Schokoladensorten bis hin zu aufregenden neuen Geschmacksrichtungen, die du vielleicht noch nie probiert hast – die Möglichkeiten sind endlos, und ich freue mich darauf, zu sehen, welche köstlichen Kreationen du erschaffen wirst.

Ich wünsche dir viel Freude beim Lesen, beim Experimentieren und natürlich beim Genießen deines selbstgemachten Eises!

Herzliche Grüße,

Deine Sarah Müller

Die Vorteile einer Eismaschine

Unbegrenzte Geschmacksvielfalt

Ein entscheidender Vorteil einer Eismaschine ist die unbegrenzte Vielfalt an Eissorten, die du herstellen kannst. Mit einer Eismaschine bist du nicht mehr auf das Angebot der Supermärkte oder Eisdielen beschränkt. Du hast die Freiheit, jedes Aroma zu kreieren, das dein Herz begehrt: von klassischen Sorten wie Vanille, Schokolade und Erdbeere bis hin zu exotischeren Sorten wie Matcha, Lavendel oder sogar Whisky. Hast du Lust auf Pistazien-Eis mit einem Hauch von Zimt oder vielleicht ein erfrischendes Basilikum-Zitronen-Sorbet? Mit deiner eigenen Eismaschine sind der Fantasie keine Grenzen gesetzt.

Qualitätskontrolle

Die Eismaschine ermöglicht es dir, die Qualität deines Eises selbst zu bestimmen. Du weißt genau, welche Zutaten in dein Eis gelangen. Keine künstlichen Konservierungsstoffe, Farbstoffe oder unnötigen Zusätze, die du in vielen handelsüblichen Eissorten findest. Wenn du dich für Bio-Produkte entscheidest, weißt du, dass du auch Bio-Eis produzierst. Solltest du spezielle Ernährungsbedürfnisse haben, wie eine Laktose- oder Glutenintoleranz, kannst du auch diese berücksichtigen und entsprechendes Eis herstellen. Das ist eine Freiheit, die du nur mit deiner eigenen Eismaschine genießt.

Spontaneität und Komfort

Mit einer Eismaschine zu Hause hast du jederzeit die Möglichkeit, Eis herzustellen. Sei es für eine spontane Sommerparty, einen Filmabend oder einfach nur, weil du Lust auf eine süße Erfrischung hast. Du musst nicht mehr zur nächsten Eisdiele laufen oder warten, bis der Supermarkt geöffnet ist. Alles, was du brauchst, ist ein paar Zutaten und deine treue Eismaschine.

Kosteneffizienz

Obwohl die Anschaffung einer Eismaschine zunächst eine Investition darstellt, kann sie auf lange Sicht kosteneffizient sein. Insbesondere, wenn du ein großer Eisliebhaber bist und regelmäßig Eis konsumierst. Die Kosten für die Zutaten zur Herstellung von Eis zu Hause sind in der Regel niedriger als der Preis, den du für handelsübliches Eis bezahlen würdest. Darüber hinaus kannst du mit der Zeit auch eine erhebliche Menge an Plastikverpackungen einsparen.

Familienfreundlichkeit und Spaßfaktor

Schließlich ist die Verwendung einer Eismaschine auch eine großartige Möglichkeit, um Zeit mit der Familie zu verbringen und den Kindern eine schöne Erinnerung zu bereiten. Gemeinsames Eis machen kann eine spannende Aktivität sein, die nicht nur lecker, sondern auch lehrreich ist. Kinder können den Prozess der Eisherstellung beobachten und gleichzeitig mehr über Zutaten und Zubereitungsmethoden lernen. Es kann eine willkommene Abwechslung zu anderen Freizeitaktivitäten sein und die Kinder ermutigen, ihre Kreativität und Neugier auszudrücken.

Arten von Eismaschinen

Kompressor-Eismaschinen

Struktur und Funktion

Eine Kompressor-Eismaschine ist eine freistehende Einheit, die sich durch eine eingebaute Kühleinheit auszeichnet. Diese Kühleinheit, bekannt als Kompressor, ist das Herzstück der Maschine. Sie kühlt die Eismasse kontinuierlich während des Rührprozesses, was zu einer gleichmäßigen und effizienten Eisherstellung führt.

Der Kompressor arbeitet ähnlich wie der Kühlschrank in deiner Küche: Er komprimiert ein Kühlmittel, das dann durch die Maschine zirkuliert und die Hitze absorbiert. Dieser Prozess senkt die Temperatur im Inneren der Maschine und ermöglicht es, die Eismasse schnell einzufrieren. Gleichzeitig bleibt der Rührmechanismus in Bewegung, um die Bildung von Eiskristallen zu verhindern und eine gleichmäßige Konsistenz zu gewährleisten.

Die Vorteile

Kompressor-Eismaschinen bieten zahlreiche Vorteile, die sie zu einer idealen Wahl für Eisliebhaber machen.

Zunächst einmal ist die Zeitersparnis zu nennen: Mit einer Kompressor-Eismaschine kann man in der Regel in kürzester Zeit Eis herstellen. Während man bei anderen Maschinenarten oft Stunden oder sogar über Nacht warten muss, um den Kühlbehälter vorzufrieren, ist eine Kompressor-Eismaschine sofort einsatzbereit. So lässt sich beispielsweise ein spontaner Wunsch nach frischem Eis problemlos realisieren.

Ein weiterer großer Vorteil ist die Konsistenz des Eises. Da die Temperatur während des gesamten Herstellungsprozesses konstant gehalten wird, bleibt das Eis schön cremig und es entstehen weniger Eiskristalle. Das Resultat ist ein geschmeidiges, gleichmäßiges Eis, das ein wahres Geschmackserlebnis bietet.

Außerdem punkten Kompressor-Eismaschinen durch ihre Kapazität. Sie sind in der Lage, größere Mengen Eis herzustellen – ideal für größere Familien, Partys oder andere Anlässe, bei denen viel Eis benötigt wird. Und nicht zu vergessen: Die meisten Kompressor-Eismaschinen bieten auch eine „Halten-Funktion", die das fertige Eis bis zu einigen Stunden auf der perfekten Temperatur hält, bis du bereit bist, es zu servieren.

Tipps und Tricks

Beim Umgang mit einer Kompressor-Eismaschine gibt es einige Punkte zu beachten, um das beste Ergebnis zu erzielen. Hier sind einige Tipps, die ich im Laufe der Jahre gelernt habe:

- **Verwende immer frische und hochwertige Zutaten:** Da der Geschmack des Eises direkt von den verwendeten Zutaten abhängt, macht es einen deutlichen Unterschied, ob du frische Milch, Sahne und Eier oder Produkte von minderer Qualität verwendest.

- **Lass die Eismasse vor dem Einfrieren abkühlen:** Nachdem du die Eismischung zubereitet hast, sollte sie vor dem Einfrieren im Kühlschrank abkühlen. Dieser Schritt kann dazu beitragen, die Bildung von Eiskristallen zu minimieren und das Eis noch cremiger zu machen.

- **Halte die Eismaschine sauber:** Eine regelmäßige Reinigung ist wichtig, um die Langlebigkeit deiner Eismaschine zu gewährleisten und einen optimalen Geschmack zu erzielen. Achte darauf, alle Teile nach jedem Gebrauch gründlich zu reinigen und die Maschine trocken zu lagern.

Kühlbehälter-Eismaschinen

Funktionsweise und Aufbau

Der grundlegende Aufbau einer Kühlbehälter-Eismaschine ist recht einfach: Im Wesentlichen besteht sie aus einem doppelwandigen Behälter, dessen Zwischenräume mit einer speziellen Kühlflüssigkeit gefüllt sind. Dieser Behälter muss vor der Benutzung für mehrere Stunden – meist über Nacht – in den Gefrierschrank gestellt werden. Sobald die Kühlflüssigkeit vollständig gefroren ist, kann der Behälter aus dem Gefrierschrank genommen und in die Eismaschine eingesetzt werden.

Sobald du dann deine Eismasse zubereitet und in den Kühlbehälter gegeben hast, beginnt der Motor der Eismaschine, den Rührarm zu bewegen. Während die Kühlflüssigkeit die Mischung abkühlt, sorgt der Rührarm dafür, dass keine großen Eiskristalle entstehen und die Mischung eine gleichmäßige Konsistenz annimmt.

Die Vorteile und Einschränkungen

Kühlbehälter-Eismaschinen haben mehrere Vorteile, die sie besonders attraktiv machen, vor allem für gelegentliche Eiscremehersteller oder solche, die gerade erst in die Welt des selbstgemachten Eises einsteigen.

Der erste und offensichtlichste Vorteil ist der Preis: Kühlbehälter-Eismaschinen sind im Vergleich zu ihren Kompressor-gekühlten Geschwistern deutlich günstiger.

Zudem ist diese Art von Eismaschine in der Regel kompakt und leicht, was sie zu einer praktischen Wahl für kleinere Küchen oder für diejenigen macht, die ihre Eismaschine einfach verstauen möchten, wenn sie nicht gebraucht wird.

Ein weiterer wichtiger Aspekt ist die Benutzerfreundlichkeit: Das Bedienen einer Kühlbehälter-Eismaschine ist meist sehr intuitiv und erfordert wenig technisches Verständnis.

Dennoch gibt es auch einige Einschränkungen. Der größte Nachteil dieser Eismaschinen ist wahrscheinlich die Notwendigkeit, den Behälter im Voraus einfrieren zu müssen. Dies erfordert ein gewisses Maß an Planung und nimmt Platz in deinem Gefrierschrank ein.

Außerdem hat diese Art von Eismaschine eine begrenzte Kapazität: Du kannst nur so viel Eis herstellen, wie in den Kühlbehälter passt, und sobald die Kühlflüssigkeit aufgetaut ist, muss der Behälter erneut eingefroren werden, bevor du eine weitere Charge Eis herstellen kannst.

Praktische Tipps

Wenn du eine Kühlbehälter-Eismaschine verwendest, gibt es einige Tipps und Tricks, die dir dabei helfen können, das bestmögliche Eis zu kreieren.

- **Planung ist alles:** Da der Kühlbehälter vor der Benutzung eingefroren werden muss, musst du im Voraus planen. Stelle sicher, dass der Behälter vollständig gefroren ist, bevor du beginnst – in der Regel dauert das etwa 8-24 Stunden, je nach Modell und Temperatur deines Gefrierschranks.

- **Halte deine Zutaten kalt:** Um die beste Textur zu erreichen, sollten deine Zutaten gut gekühlt sein, bevor du sie in den Kühlbehälter gibst. Du könntest auch in Erwägung ziehen, deine Eismasse vor dem Einfrieren zu kühlen.

- **Achte auf die Füllmenge:** Die meisten Kühlbehälter-Eismaschinen können nicht bis zum Rand gefüllt werden, da das Volumen der Eismasse zunimmt, wenn sie gefriert. Achte also darauf, den Behälter nicht zu überfüllen.

Manuelle Eismaschinen

Was sind manuelle Eismaschinen und wie funktionieren sie?

Manuelle Eismaschinen sind ein wenig anders als ihre elektrischen Gegenstücke, sie erfordern eine aktive Beteiligung während des Eisherstellungsprozesses. Im Grunde sind sie eine Kombination aus einem doppelwandigen Behälter (ähnlich wie bei Kühlbehälter-Eismaschinen) und einem Handkurbel-Mechanismus, der die Eiscreme-Mischung während des Gefrierprozesses rührt.

Das Herzstück jeder manuellen Eismaschine ist der doppelwandige Gefrierbehälter. In der Wand dieses Behälters befindet sich eine Kühlflüssigkeit, die beim Einfrieren eine konstante Kälte abgibt. Bevor du Eiscreme zubereitest, musst du diesen Behälter in den Gefrierschrank stellen, normalerweise für 24 Stunden, um sicherzustellen, dass die Kühlflüssigkeit vollständig gefroren ist.

Sobald der Behälter bereit ist, gibst du die vorbereitete Eismischung hinein, setzt den Deckel mit der integrierten Kurbel auf und beginnst, die Kurbel zu drehen. Dieser Prozess verteilt die Kälte gleichmäßig durch die Mischung und verhindert die Bildung großer Eiskristalle, was zu einer glatteren und cremigeren Eiscreme führt.

Die Vorzüge und Herausforderungen manueller Eismaschinen

Manuelle Eismaschinen bieten ein einzigartiges Erlebnis und haben ihre eigenen Vorzüge. Das haptische Erlebnis, die Kurbel zu drehen und die Veränderung der Konsistenz der Eismischung zu spüren, ist etwas ganz Besonderes. Diese Geräte ermöglichen es, den Prozess der Eiscreme-Herstellung wirklich zu erleben, anstatt nur einen Knopf zu drücken und zu warten.

Preislich gesehen sind manuelle Eismaschinen oft günstiger als elektrische Modelle. Sie sind auch tragbar und benötigen keinen Strom, was sie ideal für Campingausflüge oder andere Outdoor-Aktivitäten macht.

Jedoch bringt diese Art von Eismaschine auch Herausforderungen mit sich. Der offensichtlichste Nachteil ist der Aufwand: Du musst in regelmäßigen Abständen die Kurbel drehen, was anstrengend sein kann, insbesondere wenn du eine größere Menge Eiscreme herstellst. Zudem muss wie bei der Kühlbehälter-Eismaschine auch der Behälter im Vorhinein eingefroren werden, was vorausschauende Planung erfordert.

Tipps für den Gebrauch

Hier sind einige meiner Tipps, die dir dabei helfen können, das Beste aus deiner manuellen Eismaschine herauszuholen:

- **Bereite alles im Voraus vor:** Da du während des Rührvorgangs nicht viel Zeit hast, um andere Aufgaben zu erledigen, ist es am besten, alles im Voraus zu organisieren. Stelle sicher, dass deine Eismischung bereit und gut gekühlt ist und dass dein Behälter vollständig eingefroren ist.

- **Sei geduldig:** Manuelle Eismaschinen benötigen Zeit und Mühe, um gute Ergebnisse zu liefern. Versuche, die Kurbel gleichmäßig und nicht zu schnell zu drehen. Durch zu schnelles Drehen könnte die Mischung aufschäumen, was die Textur deines Eises beeinträchtigt.

- **Experimentiere:** Eine der großen Freuden bei der Verwendung einer manuellen Eismaschine ist die Möglichkeit, mit verschiedenen Geschmacksrichtungen und Zutaten zu experimentieren. Lass deiner Kreativität freien Lauf und probiere verschiedene Rezepte aus!

Auswahl der richtigen Eismaschine

Größe und Kapazität

Größe und Platzbedarf der Eismaschine

Zunächst solltest du dir Gedanken über den physischen Raum machen, den die Eismaschine in deiner Küche einnehmen wird. Einige Eismaschinen sind kompakt und können leicht in einem Schrank verstaut werden, während andere mehr Platz auf der Arbeitsplatte benötigen. Es kann nützlich sein, den verfügbaren Platz in deiner Küche zu messen und diese Maße beim Durchstöbern der Eismaschinen-optionen im Auge zu behalten.

Während du die Größe deiner neuen Eismaschine in Betracht ziehst, denke daran, dass du auch genug Platz benötigst, um die Maschine sicher und bequem zu bedienen. Bedenke auch, dass du möglicherweise Platz im Gefrierschrank benötigst, wenn du eine Eismaschine mit einem vorgekühlten Behälter wählst.

Kapazität und Eismenge

Neben der Größe der Maschine ist auch die Kapazität wichtig. Die Kapazität einer Eismaschine wird im Allgemeinen in Litern angegeben und bestimmt, wie viel Eiscreme du auf einmal herstellen kannst.

Kleinere Eismaschinen, die etwa 1 Liter Eiscreme herstellen können, sind ideal für kleinere Haushalte oder für Gelegenheiten, bei denen du nur eine kleine Menge Eiscreme benötigst. Diese Modelle sind oft kompakt und leicht zu verstauen, was sie zu einer guten Wahl für kleinere Küchen oder Wohnungen macht.

Auf der anderen Seite können größere Eismaschinen, die 2 Liter oder mehr Eiscreme herstellen können, für größere Familien oder für die Zubereitung von Eiscreme für eine Party oder ein Treffen besser geeignet sein. Bedenke jedoch, dass größere Modelle oft mehr Platz benötigen und schwerer sind.

Berücksichtigung der Zubereitungszeit

Es ist wichtig zu bedenken, dass die Kapazität einer Eismaschine auch die Zubereitungszeit beeinflussen kann. Im Allgemeinen gilt: Je größer die Kapazität, desto länger dauert es, eine Charge Eiscreme herzustellen.

Kleinere Eismaschinen können in der Regel eine Charge Eiscreme in 20 bis 30 Minuten herstellen, während größere Modelle möglicherweise bis zu 45 Minuten oder länger benötigen.

Tipps zur Auswahl der richtigen Größe und Kapazität

- **Bewerte deine Bedürfnisse:** Wie viel Eiscreme möchtest du auf einmal herstellen? Wie oft planst du, die Eismaschine zu verwenden? Die Antworten auf diese Fragen können dir helfen, eine fundierte Entscheidung über die richtige Kapazität für deine Bedürfnisse zu treffen.

- **Berücksichtige den Platzbedarf:** Stelle sicher, dass du genügend Platz in deiner Küche hast, um die Eismaschine sicher zu lagern und zu bedienen. Denke auch daran, dass du Platz im Gefrierschrank benötigst, wenn du eine Eismaschine mit einem vorgekühlten Behälter wählst.

- **Achte auf die Zubereitungszeit:** Wie bereits erwähnt, brauchen größere Eismaschinen in der Regel länger, um eine Charge Eiscreme herzustellen. Wenn du schnell eine große Menge Eiscreme herstellen möchtest, kann es sinnvoller sein, zwei kleinere Maschinen zu haben, die gleichzeitig arbeiten, anstatt eine große.

- **Denke an die Wartung:** Größere Eismaschinen können schwieriger zu reinigen und zu warten sein als kleinere Modelle. Überlege dir, ob du bereit bist, die zusätzliche Arbeit zu leisten, die möglicherweise mit einem größeren Modell einhergeht.

- **Behalte dein Budget im Auge:** Größere Eismaschinen mit höherer Kapazität sind oft teurer als kleinere Modelle. Stelle sicher, dass die Eismaschine, die du wählst, zu deinem Budget passt.

Vergleich verschiedener Eismaschinenmodelle

Um dir die Auswahl zu erleichtern, hier ein Vergleich einiger Eismaschinenmodelle, basierend auf ihrer Größe und Kapazität:

- **Kleine Eismaschine (1-Liter-Kapazität):** Diese Maschine ist perfekt für die gelegentliche Herstellung von Eiscreme zu Hause. Sie nimmt nicht viel Platz in Anspruch und kann problemlos in einem Schrank verstaut werden, wenn sie nicht benutzt wird. Die Zubereitungszeit beträgt in der Regel etwa 20-30 Minuten.

- **Mittlere Eismaschine (1,5-Liter-Kapazität):** Dieses Modell bietet eine größere Kapazität und ist ideal für regelmäßige Eiscremeproduktion. Es benötigt mehr Stauraum als das kleinere Modell und kann eine Charge Eiscreme in etwa 30-40 Minuten zubereiten.

- **Große Eismaschine (2-Liter-Kapazität oder mehr):** Dieses Modell ist für die ernsthaften Eiscremeliebhaber gedacht, die oft große Mengen Eiscreme herstellen. Es benötigt mehr Platz auf der Arbeitsplatte und im Gefrierschrank, kann aber eine Charge Eiscreme in etwa 45 Minuten oder mehr zubereiten.

Fehlerbehebung und häufige Probleme beim Eismachen

Eis wird nicht fest

Um das Problem zu lösen, müssen wir erst einmal verstehen, warum es überhaupt auftritt. Eis besteht im Wesentlichen aus drei Komponenten: Wasser, Luft und Feststoffe. Das Wasser ist natürlich für die eigentliche Vereisung zuständig. Die Luft sorgt für die Cremigkeit und die Feststoffe (wie Zucker, Fett und Proteine) beeinflussen den Gefrierpunkt und die Textur des Eises.

Wenn das Eis nicht fest wird, liegt das meistens daran, dass eine oder mehrere dieser Komponenten nicht im richtigen Verhältnis zueinander stehen.

Zu viel Zucker

Zucker ist einer der Hauptverdächtigen, wenn das Eis nicht fest wird. Zucker senkt den Gefrierpunkt des Wassers, was bedeutet, dass eine hohe Zuckermenge in deinem Eis dazu führen kann, dass es bei der normalen Gefriertemperatur deines Gefrierschranks nicht richtig fest wird.

Die Lösung? Reduziere den Zucker in deinem Rezept. Aber Vorsicht: Zucker ist nicht nur für die Süße des Eises verantwortlich, sondern auch für seine Textur. Wenn du zu viel Zucker wegnimmst, könnte dein Eis kristallisiert und hart werden.

Zu wenig Fett

Fett trägt zur Cremigkeit und zur Textur des Eises bei. Wenn dein Eis nicht fest wird, könnte es sein, dass es an Fett mangelt. Die Lösung könnte so einfach sein, wie die Milch in deinem Rezept durch Sahne zu ersetzen, oder eine zusätzliche Quelle von Fett – wie Eigelb oder sogar Avocado – hinzuzufügen.

Zu viel Luft

Die Menge an Luft in deinem Eis – in der Fachsprache auch „Overrun" genannt – kann ebenfalls einen Einfluss darauf haben, wie fest es wird. Eine hohe Luftmenge führt zu einem weicheren, leichteren Eis, während ein geringer Luftanteil ein dichteres, festeres Eis ergibt.

Die Lösung? Es könnte sein, dass du deine Eismaschine zu lange laufen lässt. Die meisten Eismaschinen fügen während des Rührprozesses Luft hinzu. Wenn du also feststellst, dass dein Eis zu weich ist, versuche, die Rührzeit zu reduzieren.

Die Temperatur

Schließlich kann auch die Temperatur deines Gefrierschranks eine Rolle spielen. Wenn das Eis nicht fest wird, könnte es sein, dass dein Gefrierschrank nicht kalt genug ist. Eis braucht eine Temperatur von mindestens -18°C, um richtig fest zu werden.

Die Lösung? Prüfe die Temperatur deines Gefrierschranks und stelle sie gegebenenfalls kälter ein. Auch das Vorkühlen der Eismasse im Kühlschrank kann helfen.

Die Maschine läuft heiß

Wir kennen alle das Sprichwort „Einen kühlen Kopf bewahren", aber wenn es um Eismaschinen geht, ist das mehr als nur eine Metapher. Ein häufig auftretendes Problem bei Eismaschinen ist die Überhitzung, und sie kann eine ganze Reihe von Problemen verursachen, die das Eismachen zu einer frustrierenden Erfahrung machen.

Überhitzung kann auf mehrere Ursachen zurückgeführt werden. Die gängigste ist eine fehlerhafte oder abgenutzte Komponente, wie z.B. der Motor oder das Kühlaggregat. Wenn diese Teile nicht richtig funktionieren, kann das Gerät überhitzen und dadurch die Leistungsfähigkeit und letztlich auch die Qualität des Eises beeinträchtigen.

Eine einfache Lösung ist es, das Gerät auf sichtbare Schäden oder Verschleißerscheinungen zu überprüfen. Manchmal kann es so einfach sein wie das Auswechseln einer defekten Sicherung oder das Reinigen eines verstopften Lüfters.

Die Maschine macht ungewöhnliche Geräusche

Viele Eismaschinen machen während des Betriebs ein gewisses Maß an Geräuschen – das ist normal. Wenn deine Eismaschine allerdings ungewöhnlich laut ist oder seltsame Geräusche macht, könnte das ein Zeichen dafür sein, dass etwas nicht in Ordnung ist.

Dies könnte auf eine Vielzahl von Problemen hinweisen, von einem losen Teil bis hin zu einem ernsthaften Motordefekt. Im besten Fall müsstest du einfach ein loses Teil wieder festziehen. Im schlimmsten Fall könnte es jedoch notwendig sein, einen Fachmann zu Rate zu ziehen oder sogar das Gerät zu ersetzen.

Eisbildung im Gefrierfach

Etwas, das dich beim Eis selber machen mit der Eismaschine überraschen könnte, ist die Entstehung von Eis im Gefrierfach. Deine Eismaschine verfügt über ein Kühlaggregat, das den Behälter abkühlt, um die Zutaten in Eis zu verwandeln. Dabei kann jedoch Feuchtigkeit aus der Luft im Gefrierfach gefrieren und sich als Eis ansammeln. Wenn dieses Eisproblem auftritt, wird es dringend Zeit, dein Gefrierfach abzutauen.

Eine regelmäßige Reinigung und Pflege deines Gefrierfachs kann dieses Problem in Schach halten. Taue das Gefrierfach in regelmäßigen Abständen ab und sorg dafür, dass die Dichtungen der Tür in einem guten Zustand sind. Wenn die Dichtungen rissig oder porös sind, kann das dazu führen, dass mehr Feuchtigkeit in das Gefrierfach gelangt und dort gefriert.

Reinigung und Pflege

Reinigung nach Gebrauch

Schritt 1: Sofortige Entleerung und Abschaltung

Sobald du dein leckeres Eis zubereitet und serviert hast, ist der erste Schritt, den du tun solltest, das Gerät abzuschalten und eventuell vorhandene Reste sofort zu entfernen. Übriggebliebenes Eis in der Maschine kann antrocknen und eine zusätzliche Reinigungsbelastung darstellen. Schalte die Maschine aus und entferne vorsichtig alle Rückstände.

Schritt 2: Zerlegen der Maschine

Die meisten Eismaschinen sind so konzipiert, dass sie für eine gründlichere Reinigung auseinandergenommen werden können. Der Behälter, der Rührer und manchmal auch Teile des Deckels können normalerweise entfernt werden. Lies das Benutzerhandbuch deiner Eismaschine, um sicherzustellen, dass du alle Teile richtig abnimmst. Behandle sie mit Sorgfalt, um keine Schäden zu verursachen.

Schritt 3: Reinigung der abnehmbaren Teile

Jetzt, da du die Teile entfernt hast, ist es an der Zeit, sie zu reinigen. Hierbei ist Handwäsche oft der sicherste Weg. Während einige Teile spülmaschinenfest sein können, kann die Verwendung der Spülmaschine bei manchen Materialien zu Verfärbungen oder sogar Beschädigungen führen. Verwende warmes Seifenwasser und einen weichen Schwamm oder Lappen, um die Teile zu reinigen. Sei besonders vorsichtig bei Teilen mit Kanten oder scharfen Punkten – du willst dich nicht verletzen oder die Teile beschädigen.

Schritt 4: Reinigung des Maschinenkörpers

Der Körper deiner Eismaschine benötigt auch eine gewisse Aufmerksamkeit. Da elektrische Teile beteiligt sind, solltest du nicht den gesamten Körper ins Wasser tauchen. Stattdessen verwende einen feuchten Lappen oder Schwamm und wische die Oberfläche ab, insbesondere um den Bereich, in dem der Behälter platziert wird. Verwende niemals Scheuermittel oder harte Bürsten, da diese die Oberfläche deiner Maschine zerkratzen können.

Schritt 5: Trocknen

Nachdem alles sauber ist, ist es wichtig, alle Teile gründlich zu trocknen, bevor du sie wieder zusammenbaust. Lasse die Teile auf einem Handtuch liegen und lufttrocknen oder trockne sie mit einem sauberen Tuch ab. Feuchtigkeit kann zu Schimmel und unangenehmen Gerüchen führen, also stelle sicher, dass alles gut trocken ist.

Schritt 6: Zusammenbau und Lagerung

Sobald alle Teile getrocknet sind, kann die Maschine wieder zusammengebaut werden. Stelle sicher, dass alle Teile richtig sitzen und die Maschine ordnungsgemäß zusammengebaut ist, bevor du sie wegräumst. Lagere sie an einem kühlen, trockenen Ort, um Feuchtigkeit und möglichen Schäden vorzubeugen.

Reinigungstipps: Um den Prozess zu erleichtern und die Maschine in bestmöglichem Zustand zu halten, habe ich einige zusätzliche Tipps für dich.

- **Verwende immer milde Reinigungsmittel:** Aggressive Reinigungsmittel können die Oberflächen deiner Eismaschine beschädigen. Sei sanft und dein Gerät wird dir danken.

- **Vermeide abrasive Werkzeuge:** Metallwolle oder harte Bürsten können zu Kratzern und Beschädigungen führen. Ein weicher Schwamm oder Lappen reicht völlig aus.

- **Reinige nach jedem Gebrauch:** Es mag verlockend sein, die Reinigung auf später zu verschieben, aber je länger du wartest, desto schwieriger kann es werden, hartnäckige Flecken zu entfernen.

- **Vermeide die Verwendung von scharfen Gegenständen:** Scharfe Gegenstände können deine Eismaschine leicht zerkratzen oder beschädigen. Wenn ein Teil der Maschine schwer zu entfernen ist, versuche es mit sanfter Kraft oder schau ins Handbuch, anstatt auf eine Schere oder ein Messer zurückzugreifen.

Ich wünsche dir nun viel Erfolg und Freude beim Herstellen deines eigenen Eises!

Hinweis zu den Rezepten

Ich habe mich bewusst dafür entschieden, in meinem Kochbuch auf die Verwendung von Bildern zu verzichten. Obwohl viele Kochbücher durch ihre visuellen Reize beeindrucken, möchte ich dir die Gründe für meine Entscheidung darlegen.

Mein Anliegen ist es, die Aufmerksamkeit ganz auf die Inhalte und Rezepte zu lenken, ohne dass diese durch äußere Einflüsse beeinflusst werden. Ich möchte, dass du dich voll und ganz auf die Zutaten, die Zubereitung und die pure Freude am Kochen konzentrierst, ohne dass du von hochglanzpolierten, aufwendig inszenierten Bildern abgelenkt wirst.

Ich möchte dir zusätzlich die Chance bieten, deine kreative Ader und Fantasie vollkommen auszuleben. Denn jeder Mensch hat seine individuelle Vorstellung davon, wie ein Gericht perfekt präsentiert werden sollte. Indem ich auf visuelle Hilfsmittel verzichte, ermutige ich dich dazu, deine eigenen Konzepte zu entwickeln und deine Speisen ganz nach deinem Geschmack zu gestalten.

Bei meiner Entscheidung spielt der Umweltaspekt ebenfalls eine wichtige Rolle. Indem wir auf Bilder in diesem Buch verzichten, haben wir die Möglichkeit, gemeinsam Ressourcen zu schonen und somit einen kleinen, aber dennoch bedeutsamen Beitrag zum Schutz unserer Umwelt zu leisten.

Ich bin zuversichtlich, dass dieses Kochbuch auch ohne visuelle Hilfestellungen deine Sinne ansprechen wird und dich mit seinen köstlichen Rezeptideen und nützlichen Informationen begeistern wird. Lass dich von der Abwesenheit von Bildern nicht abschrecken und entdecke die kulinarische Vielfalt, die dieses Buch zu bieten hat.

Klassische Fruchteissorten

Erdbeereis mit frischer Vanille

Zubereitungszeit: 40 Minuten
Portionen: 4

Zutaten:

- 500 g frische Erdbeeren, gewaschen und entstielt
- 1 frische Vanilleschote, längs halbiert
- 100 g Zucker
- 250 ml Vollmilch
- 250 ml Sahne
- 4 Eigelbe von Bio-Eiern

Zubereitung:

1. Nachdem du die Erdbeeren gewaschen und entstielt hast, püriere sie in einem Mixer oder mit einem Pürierstab zu einer glatten Masse. Stelle sie dann für die spätere Verwendung zur Seite.
2. Die Vanilleschote längs halbieren und das Mark mit einem Messer herauskratzen. Gib das Vanillemark zusammen mit der Schote, dem Zucker, der Milch und der Sahne in einen mittelgroßen Topf.
3. Erwärme die Mischung bei mittlerer Hitze unter ständigem Rühren, bis der Zucker vollständig aufgelöst ist. Achte darauf, dass die Mischung nicht kocht.
4. In einer separaten Schüssel schlägst du die Eigelbe. Gib langsam die warme Milchmischung zu den Eigelben, dabei immer weiterrühren, um die Eigelbe nicht zu kochen. Dieser Vorgang wird auch „Temperieren“ genannt.
5. Gib die Ei-Milch-Mischung zurück in den Topf und lasse sie unter ständigem Rühren bei niedriger Hitze köcheln, bis sie leicht eindickt.
6. Nun entferne die Vanilleschote und gib das Erdbeerpüree in den Topf. Rühre alles gut durch, bis die Mischung gleichmäßig ist.
7. Lass die Eismischung abkühlen und stelle sie dann für mindestens 2 Stunden, besser über Nacht, in den Kühlschrank.
8. Verarbeite die gekühlte Mischung in deiner Eismaschine nach den Angaben des Herstellers. Danach lass das Eis für mindestens 4 Stunden im Gefrierschrank fest werden, bevor du es servierst.

Himbeereis mit Zitronenzeste

Zubereitungszeit: 20 Minuten
Portionen: 4

Zutaten:

- 500 g frische Himbeeren
- Schale von 2 Bio-Zitronen
- 250 ml Schlagsahne
- 100 g Zucker
- 100 ml Wasser
- 1 TL Vanilleextrakt

Zubereitung:

1. Als Erstes nimmst du die frischen Himbeeren und wäschst sie unter fließendem Wasser. Lass sie danach gut abtropfen.
2. Als Nächstes reibst du die Schale der Bio-Zitronen fein ab. Achte dabei darauf, nur das gelbe der Schale zu verwenden, das Weiße kann bitter schmecken.
3. In einem kleinen Topf kombinierst du den Zucker und das Wasser und bringst es auf mittlerer Hitze zum Kochen. Rühre dabei ständig, bis sich der Zucker vollständig aufgelöst hat. Lass den Sirup dann abkühlen.
4. Während der Sirup abkühlt, pürierst du die Himbeeren in einem Mixer oder mit einem Pürierstab zu einer feinen Masse. Siebe die Himbeermasse durch ein feines Sieb, um die Kerne zu entfernen.
5. Vermische nun den abgekühlten Zuckersirup, das Himbeerpüree, den Vanilleextrakt und die abgeriebene Zitronenschale in einer großen Schüssel. Rühre alles gut durch.
6. In einer separaten Schüssel schlägst du die Schlagsahne, bis sie weiche Spitzen bildet. Füge die geschlagene Sahne vorsichtig unter die Himbeer-Zitronen-Mischung.
7. Gib die Eismasse in deine Eismaschine und verarbeite sie gemäß den Angaben des Herstellers.
8. Sobald das Eis die gewünschte Konsistenz erreicht hat, fülle es in eine geeignete Aufbewahrungsdose und stelle es für mindestens 4 Stunden in den Gefrierschrank, damit es fest wird.
9. Vor dem Servieren lass das Eis etwa 10 Minuten bei Raumtemperatur stehen. Dann ist es bereit, genossen zu werden!

Pfirsich-Sorbet mit Minze

Zubereitungszeit: 20 Minuten
Portionen: 4

Zutaten:

- 4 reife Pfirsiche, entsteint und in Stücke geschnitten
- 120 g Zucker
- 240 ml Wasser
- Saft von einer frischen Bio-Zitrone
- 2 EL frische Minzblätter, fein gehackt

Zubereitung:

1. Gib die Pfirsichstücke, den Zucker und das Wasser in einen mittelgroßen Topf. Erhitze die Mischung auf mittlerer Stufe und bringe sie zum Köcheln. Lass die Mischung etwa 10 Minuten köcheln, bis die Pfirsiche weich sind und der Zucker vollständig gelöst ist.
2. Nimm den Topf vom Herd und lass die Pfirsichmischung etwas abkühlen. Sobald sie handwarm ist, püriere sie mit einem Stabmixer oder in einer Küchenmaschine zu einer glatten Masse.
3. Füge den Zitronensaft und die gehackte Minze hinzu und vermische alles gut miteinander.
4. Nun ist die Vorbereitung abgeschlossen und es ist Zeit für die Eismaschine. Gieße die Pfirsich-Minz-Mischung in die Eismaschine und verarbeite sie nach den Angaben des Herstellers.
5. Sobald das Sorbet die gewünschte Konsistenz erreicht hat, verteile es auf vier Schalen oder Gläser und stelle es mindestens 2 Stunden in den Gefrierschrank, um es fest werden zu lassen.

Kirscheis mit Schokostückchen

Zubereitungszeit: 25 Minuten
Portionen: 4

Zutaten:

- 400 g frische Kirschen, entsteint und halbiert
- 300 ml Vollmilch
- 200 ml Sahne
- 80 g Zucker
- 2 EL dunkler Rum
- 100 g dunkle Schokolade, grob gehackt

Zubereitung:

1. Nimm dir zuerst die Kirschen vor. Die Hälfte der Kirschen in einen Mixer geben und zu einer glatten Masse pürieren. Die restlichen Kirschen beiseitelegen.
2. In einem mittelgroßen Topf die Milch, Sahne und Zucker vermischen. Bei mittlerer Hitze zum Köcheln bringen, bis der Zucker vollständig gelöst ist. Vom Herd nehmen und abkühlen lassen.
3. Sobald die Milch-Sahne-Mischung abgekühlt ist, das Kirschpüree und den Rum unterrühren. Die Mischung sollte nun vollständig homogen sein.
4. Nun wird die Eismasse in die Eismaschine gegeben. Verarbeite das Eis in der Eismaschine nach den Angaben des Herstellers.
5. Während das Eis in der Eismaschine verarbeitet wird, die Schokolade grob hacken. Sobald das Eis die gewünschte Konsistenz erreicht hat, die gehackte Schokolade und die restlichen Kirschen untermischen.
6. Das Eis in eine geeignete Form geben und für mindestens 2 Stunden oder über Nacht einfrieren, bis es fest wird.

Waldbeereis mit Joghurt

Zubereitungszeit: 20 Minuten
Portionen: 4

Zutaten:

- 400 g gemischte Waldbeeren, frisch und gut gewaschen
- 2 EL Zucker
- 200 g Naturjoghurt, kalt
- 150 ml Schlagsahne, kalt
- 2 EL Honig
- 1 TL Bio-Zitronensaft
- 4 Minzblätter, fein gehackt

Zubereitung:

1. Nimm die gewaschenen Waldbeeren und den Zucker, gib sie in einen Topf und erhitze sie bei mittlerer Hitze. Lass sie etwa 10 Minuten köcheln, bis sie schön weich sind und eine sirupartige Konsistenz haben.
2. Nehme dann den Topf vom Herd und lass die Beerenmischung abkühlen. Danach püriere die Beeren mit einem Stabmixer, bis sie ganz fein sind. Gib nun den Zitronensaft dazu und rühre ihn gut ein.
3. In einer separaten Schüssel vermische den Naturjoghurt, die Schlagsahne und den Honig. Schlag diese Mischung auf, bis sie schön cremig ist.
4. Nun kannst du die pürierten Beeren langsam unter die Joghurt-Sahne-Mischung heben und dabei die fein gehackten Minzblätter einstreuen.
5. Diese Mischung gibst du jetzt in deine Eismaschine und verarbeitest sie nach den Angaben des Herstellers.

Exotisches Mango-Sorbet

Zubereitungszeit: 20 Minuten
Portionen: 4

Zutaten:

- 2 große reife Mangos, geschält und entkernt
- 120 ml Bio-Limettensaft, frisch gepresst
- 100 g Zucker
- 1 kleiner roter Chili, entkernt und fein gehackt
- Ein Stück frischer Ingwer (ca. 2 cm), geschält und fein gehackt
- 200 ml Wasser

Zubereitung:

1. Zuerst bereitest du den Sirup zu. Gib den Zucker, den gehackten Chili, den Ingwer und das Wasser in einen kleinen Topf. Lass das Ganze auf mittlerer Hitze kochen, bis sich der Zucker aufgelöst hat. Danach reduzierst du die Hitze und lässt den Sirup noch weitere 5 Minuten köcheln.
2. Während der Sirup köchelt, schneidest du die Mangos in kleine Stücke und gibst sie in einen Mixer. Füge den Limettensaft hinzu und püriere alles, bis du eine glatte Masse erhältst.
3. Sobald der Sirup fertig ist, nimmst du ihn vom Herd und lässt ihn abkühlen. Danach gießt du den Sirup durch ein Sieb, um den Chili und den Ingwer zu entfernen.
4. Vermische nun das Mangopüree mit dem abgekühlten Sirup. Die Mischung sollte jetzt einen angenehmen exotischen Geschmack haben.
5. Nun kommt der spannende Teil: Du gibst die Mischung in deine Eismaschine und verarbeitest sie nach den Angaben des Herstellers zu Sorbet.
6. Anschließend verteilst du das Sorbet auf vier Schälchen oder Gläser und stellst es für mindestens 2 Stunden in den Gefrierschrank, bis es fest wird.
7. Voilà! Dein exotisches Mango-Sorbet ist fertig zum Genießen.

Zitronensorbet mit Basilikum

Zubereitungszeit: 20 Minuten
Portionen: 4

Zutaten:

- 200 g Zucker
- 240 ml Wasser
- 160 ml frisch gepresster Bio-Zitronensaft, etwa 4 große Zitronen
- 2 TL fein gehackter frischer Basilikum
- 1 EL fein geriebene Bio-Zitronenschale, etwa 2 große Zitronen
- Eine Prise Salz

Zubereitung:

1. Beginne damit, einen Sirup herzustellen. Nimm einen mittelgroßen Topf und füge den Zucker und das Wasser hinzu. Stelle den Topf bei mittlerer Hitze auf den Herd und rühre, bis sich der Zucker vollständig aufgelöst hat. Lasse das Ganze dann noch etwa 5 Minuten köcheln.
2. Während der Sirup köchelt, kannst du den Zitronensaft auspressen und den Basilikum fein hacken. Vergiss nicht, auch die Zitronenschale zu reiben.
3. Sobald der Sirup fertig ist, nimm den Topf vom Herd und füge den frisch gepressten Zitronensaft, den gehackten Basilikum, die geriebene Zitronenschale und die Prise Salz hinzu. Rühre alles gut durch.
4. Jetzt musst du die Mischung etwas abkühlen lassen. Decke den Topf ab und stelle ihn für etwa 2 Stunden in den Kühlschrank.
5. Nachdem die Mischung vollständig abgekühlt ist, kannst du sie in deine Eismaschine geben. Verarbeite das Sorbet gemäß den Anweisungen des Herstellers deiner Eismaschine.
6. Wenn das Sorbet die richtige Konsistenz erreicht hat, kannst du es in einen Behälter umfüllen und für mindestens 4 Stunden, oder bis es fest ist, in den Gefrierschrank stellen.
7. Vor dem Servieren solltest du das Sorbet etwa 10 Minuten bei Raumtemperatur stehen lassen, damit es leichter zu portionieren ist. Und dann, genieße dein erfrischendes Zitronensorbet mit Basilikum!

Fruchtiges Bananeneis

Zubereitungszeit: 30 Minuten
Portionen: 4

Zutaten:

- 3 reife Bananen, geschält und in Scheiben geschnitten
- 200 ml Kokosmilch, gekühlt
- 2 EL Honig
- Saft von 1/2 Bio-Zitrone
- 1 TL Vanilleextrakt
- 1 Prise Salz
- 50 g gehackte dunkle Schokolade

Zubereitung:

1. Lege die geschnittenen Bananen in eine verschließbare Tüte und stelle sie ins Gefrierfach. Sie sollten mindestens 2 Stunden, besser noch über Nacht, gefrieren.
2. Nach dem Gefrieren gib die gefrorenen Bananenscheiben, die gekühlte Kokosmilch, Honig, Zitronensaft, Vanilleextrakt und Salz in einen leistungsfähigen Mixer oder eine Küchenmaschine.
3. Püriere die Zutaten auf hoher Stufe, bis eine glatte Masse entsteht. Gib zwischendurch eventuell mit einem Spatel nach und kratze die Masse von den Seiten des Mixers, um sicherzustellen, dass alle Zutaten gut vermischt werden.
4. Füge die gehackte Schokolade hinzu und püriere kurz weiter, bis die Schokolade gut verteilt ist.
5. Gib die Eismasse in die Eismaschine und verarbeite sie nach den Angaben des Herstellers.
6. Serviere das Eis sofort für eine weiche, cremige Textur oder verteile es in einem verschließbaren Behälter und friere es für mindestens 2 Stunden ein, um eine festere Konsistenz zu erreichen.

Erfrischendes Orangensorbet

Zubereitungszeit: 20 Minuten
Portionen: 4

Zutaten:

- 4 große, saftige Bio-Orangen, aus denen du den Saft pressen wirst
- 2 Bio-Limetten, ausgepresst
- 100 g weißer Zucker
- 50 ml Wasser
- 2 EL Honig
- Einige frische Minzblätter, fein gehackt

Zubereitung:

1. Stelle zuerst einen Sirup her: Gib den Zucker, das Wasser und den Honig in einen kleinen Topf und lass es bei mittlerer Hitze köcheln, bis der Zucker vollständig aufgelöst ist. Lass diesen Sirup abkühlen.
2. Presse währenddessen den Saft aus den Orangen und Limetten aus und stelle sicher, dass du insgesamt etwa 500 ml Saft erhältst.
3. Wenn der Sirup abgekühlt ist, mische ihn mit dem gepressten Saft.
4. Füge die fein gehackten Minzblätter hinzu und rühre die Mischung gut um.
5. Nun ist es an der Zeit, deine Eismaschine zum Einsatz zu bringen. Gieße die Mischung in die Eismaschine und verarbeite das Eis nach den Angaben des Herstellers.
6. Nach dem Verarbeiten kannst du das Sorbet in eine geeignete Form geben und einfrieren, bis es fest wird. Vor dem Servieren etwa 10 Minuten bei Raumtemperatur stehen lassen.

Kiwi-Eis mit Honigtopping

Zubereitungszeit: 30 Minuten
Portionen: 4

Zutaten:

- 6 reife Kiwis, geschält und gewürfelt
- 200 ml Sahne
- 80 g Zucker
- 30 ml frisch gepresster Bio-Zitronensaft
- 120 ml Honig, zum Topping

Zubereitung:

1. Nachdem du die Kiwis geschält und in Würfel geschnitten hast, gib sie in einen Mixer. Püriere sie, bis eine glatte Masse entsteht.
2. Füge Zucker und Zitronensaft zum Kiwipüree hinzu und mixe alles erneut gut durch. Die Zitrusnote des Zitronensafts hilft, den süßen Geschmack der Kiwis zu betonen und gibt dem Eis eine erfrischende Note.
3. In einem separaten Behälter schlage die Sahne bis sie weiche Spitzen bildet. Dieser Schritt ist wichtig, um eine cremige Textur für dein Eis zu erhalten.
4. Mische nun das Kiwipüree vorsichtig mit der geschlagenen Sahne. Versuche, dabei so viel Luft wie möglich in der Mischung zu behalten.
5. Jetzt ist der Moment gekommen, wo die Eismaschine ins Spiel kommt. Gib die Kiwi-Sahne-Mischung in die Eismaschine und verarbeite sie nach den Angaben des Herstellers.
6. Während das Eis in der Eismaschine ist, kannst du das Honigtopping vorbereiten. Dazu erwärmst du den Honig in einem kleinen Topf oder in der Mikrowelle, bis er flüssig und leicht zu gießen ist.
7. Sobald das Eis fertig ist, verteile es auf vier Schalen oder Gläser. Gieße den warmen Honig über das Eis und serviere es sofort.

Milcheis-Kreationen

Kokosnuss-Creme-Eis

Zubereitungszeit: 30 Minuten
Portionen: 4

Zutaten:

- 400 ml Kokosmilch, vollfett
- 200 ml Sahne
- 120 g Zucker
- 1 EL Vanillezucker
- 50 g Kokosraspeln, trocken geröstet
- 2 EL Rum (optional)

Zubereitung:

1. Schütte zuerst die Kokosmilch, Sahne, Zucker und den Vanillezucker in einen mittelgroßen Topf. Rühre alles gut um, damit sich der Zucker vollständig auflöst.
2. Stelle den Topf auf den Herd und erhitze die Mischung bei mittlerer Hitze bis zum Siedepunkt. Rühre währenddessen ständig um, um sicherzustellen, dass nichts am Boden anbrennt.
3. Sobald die Mischung heiß ist, nimm den Topf vom Herd und lass die Flüssigkeit ein wenig abkühlen. Gib dann den Rum hinzu, wenn du möchtest, dass dein Eis einen Hauch von Alkohol hat. Rühre noch einmal gut um.
4. Während die Eisbasis abkühlt, röste die Kokosraspeln in einer Pfanne ohne Öl, bis sie goldbraun sind. Sei dabei vorsichtig, sie verbrennen schnell. Lass die Kokosraspeln abkühlen.
5. Nachdem die Eisbasis und die Kokosraspeln abgekühlt sind, mische die Kokosraspeln unter die Eisbasis. Rühre noch einmal gut um, um sicherzustellen, dass die Raspeln gleichmäßig verteilt sind.
6. Jetzt ist es Zeit, das Eis in die Eismaschine zu geben. Folge dabei den Anweisungen des Herstellers deiner Eismaschine. Lass das Eis so lange in der Eismaschine, bis es die gewünschte Konsistenz erreicht hat.
7. Wenn das Eis fertig ist, kannst du es sofort genießen oder für eine festere Konsistenz noch einige Stunden in den Gefrierschrank stellen.

Sahne-Karamell-Eis

Zubereitungszeit: 45 Minuten
Portionen: 4

Zutaten:

- 500 ml Vollmilch
- 250 ml frische Sahne
- 200 g Zucker
- 2 EL Wasser
- 4 Eigelbe von Bio-Eiern
- Eine Prise Salz

Zubereitung:

1. Gieße die Vollmilch und die Sahne in einen Topf und stelle ihn auf mittlere Hitze. Erwärme das Gemisch, bis es knapp unter dem Siedepunkt ist. Rühre es dabei gelegentlich um.
2. In der Zwischenzeit erstelle das Karamell. Hierfür gibst du den Zucker und das Wasser in einen anderen Topf und stellst ihn auf mittlere Hitze. Rühre ständig um, bis die Mischung eine goldbraune Farbe annimmt. Dies wird das Herzstück deines Sahne-Karamell-Eises sein. Sei hierbei vorsichtig, das Karamell sollte nicht verbrennen!
3. Sobald das Karamell die richtige Farbe erreicht hat, nimm den Topf vom Herd und rühre vorsichtig die warme Milch-Sahne-Mischung ein. Achte darauf, dass es spritzen kann, also sei vorsichtig. Die Mischung wird zuerst sprudeln und das Karamell wird hart werden, aber keine Sorge, es wird sich wieder auflösen, wenn du weiter rührst.
4. Nun, schlage die Eigelbe in einer separaten Schüssel und füge die Prise Salz hinzu. Schlag sie leicht auf, bis sie gut vermischt sind.
5. Nimm nun etwa eine Tasse der warmen Karamell-Milch-Mischung und gieße sie langsam in die Eigelbe, während du ständig rührst. Dies temperiert die Eigelbe und verhindert, dass sie gerinnen.
6. Gieße die Eigelbmischung zurück in den Topf mit der restlichen Karamell-Milch-Mischung und rühre gut um.
7. Stelle den Topf zurück auf die mittlere Hitze und rühre ständig um, bis die Mischung leicht eindickt und die Rückseite eines Löffels bedeckt. Achte darauf, dass die Mischung nicht kocht!
8. Sobald die Mischung die richtige Konsistenz erreicht hat, nimm den Topf vom Herd und lass die Mischung auf Raumtemperatur abkühlen.
9. Sobald die Mischung abgekühlt ist, verarbeite sie in deiner Eismaschine nach den Angaben des Herstellers.

Schoko-Nuss-Eiscreme

Zubereitungszeit: 30 Minuten
Portionen: 4

Zutaten:

- 500 ml Vollmilch
- 100 g Zucker
- 3 EL ungesüßter Kakao
- 200 g dunkle Schokolade, grob gehackt
- 4 Eigelbe von Bio-Eiern
- 1 TL Vanilleextrakt
- 100 g gemischte Nüsse (Haselnüsse, Walnüsse, Mandeln), grob gehackt
- 1 Prise Salz

Zubereitung:

1. In einem mittelgroßen Topf die Milch zusammen mit dem Zucker und Kakao erhitzen. Rühre dabei kontinuierlich um, bis der Zucker und Kakao vollständig aufgelöst sind.
2. Füge die gehackte Schokolade hinzu und rühre weiter, bis sie vollständig geschmolzen ist und sich mit der Milch vermischt hat. Die Hitze reduzieren und die Mischung abkühlen lassen.
3. Während die Schokoladenmischung abkühlt, schlage die Eigelbe in einer separaten Schüssel leicht auf. Dann langsam die abgekühlte Schokoladenmischung hinzufügen, dabei stetig rühren.
4. Füge den Vanilleextrakt und eine Prise Salz zur Mischung hinzu und rühre gut durch.
5. Die Eiscrememischung zurück in den Topf geben und bei niedriger Hitze erhitzen. Ständig rühren, bis die Mischung dick genug ist, um den Rücken eines Löffels zu bedecken.
6. Die Mischung durch ein feines Sieb in eine saubere Schüssel geben und vollständig abkühlen lassen.
7. Während die Mischung abkühlt, die gemischten Nüsse in einer Pfanne rösten, bis sie goldbraun sind und duften. Dann zur Seite stellen und abkühlen lassen.
8. Sobald die Eiscrememischung vollständig abgekühlt ist, füge die gerösteten Nüsse hinzu und mische gut durch.
9. Die Mischung gemäß den Anweisungen des Herstellers in der Eismaschine verarbeiten.

Pistazien-Milcheis

Zubereitungszeit: 20 Minuten
Portionen: 4

Zutaten:

- 250 g Pistazienkerne, geröstet und gesalzen
- 500 ml Vollmilch
- 250 ml Sahne
- 150 g Zucker
- 4 Eigelbe von Bio-Eiern
- 1 EL Honig
- 1 TL Vanilleextrakt

Zubereitung:

1. Zuerst die Pistazienkerne in einem Mixer fein mahlen. Aber Vorsicht, nicht zu lange mahlen, sonst entsteht eine Paste.
2. In einem mittelgroßen Topf die Milch, Sahne, den Zucker und den Honig auf mittlerer Hitze erhitzen. Rühre kontinuierlich, bis sich der Zucker vollständig aufgelöst hat.
3. Während die Milchmischung erhitzt wird, trenne die Eier. Du benötigst nur das Eigelb für dieses Rezept. Schlage die Eigelbe in einer separaten Schüssel leicht auf.
4. Sobald die Milchmischung heiß ist, gieße sie langsam in die Schüssel mit den Eigelben, während du kontinuierlich rührst. Dies hilft, die Eigelbe langsam zu temperieren, um Rührei zu vermeiden.
5. Die Eier-Milch-Mischung zurück in den Topf geben und erneut erhitzen. Rühre weiter, bis die Mischung dickflüssig genug ist, um den Rücken eines Löffels zu bedecken.
6. Nimm den Topf vom Herd und rühre die gemahlenen Pistazien und den Vanilleextrakt ein. Lass die Mischung abkühlen.
7. Sobald die Mischung abgekühlt ist, verarbeite sie in der Eismaschine nach den Angaben des Herstellers. Wenn das Eis die gewünschte Konsistenz erreicht hat, kannst du es in einen Behälter geben und im Gefrierschrank aufbewahren, bis es fest ist.
8. Vor dem Servieren das Eis etwa 10 Minuten bei Raumtemperatur stehen lassen. Dann kannst du es in Schalen oder Waffeln verteilen und genießen.

Vanilleeis mit Krokant

Zubereitungszeit: 25 Minuten
Portionen: 4

Zutaten:

- 500 ml Vollmilch
- 200 g Zucker
- 4 Eigelbe von Bio-Eiern
- 1 Vanilleschote, längs aufgeschnitten und das Mark herausgekratzt
- 250 ml Schlagsahne
- 100 g Haselnüsse, grob gehackt
- 2 EL Honig

Zubereitung:

1. Gieße die Milch in einen Topf, füge das Vanillemark und die aufgeschnittene Vanilleschote hinzu. Erhitze die Mischung auf mittlerer Stufe, bis sie fast kocht, dann nimm den Topf vom Herd.
2. Schlage in einer Schüssel die Eigelbe und den Zucker zusammen, bis sie hell und cremig sind. Füge die warme Vanillemilch langsam hinzu, während du weiter rührst.
3. Gib die Mischung zurück in den Topf und koche sie auf niedriger Stufe, bis sie leicht eindickt und die Rückseite eines Löffels bedeckt. Sei geduldig, das kann einige Minuten dauern.
4. Entferne die Vanilleschote und lass die Mischung abkühlen. Schlage währenddessen die Sahne, bis sie weiche Spitzen bildet und füge sie der abgekühlten Eismischung hinzu.
5. Bereite den Krokant vor. Röste die Haselnüsse in einer Pfanne ohne Fett, bis sie duften. Gib den Honig hinzu und rühre, bis alle Haselnüsse gleichmäßig überzogen sind. Breite die Mischung auf einem mit Backpapier ausgelegten Backblech aus und lass sie abkühlen und hart werden.
6. Verarbeite die Eismischung in deiner Eismaschine nach den Anweisungen des Herstellers. Kurz bevor das Eis fertig ist, zerkleinere den Krokant und gib ihn zur Eismischung in die Maschine.
7. Serviere das Eis sofort oder bewahre es im Gefrierschrank auf, bis es benötigt wird.

Erdnussbutter-Eiscreme

Zubereitungszeit: 20 Minuten
Portionen: 4

Zutaten:

- 500 ml Vollmilch
- 200 ml Schlagsahne
- 100 g feiner Zucker
- 2 TL Vanilleextrakt
- 200 g Erdnussbutter, glatt
- Prise Salz
- 4 Eigelbe von Bio-Eiern

Zubereitung:

1. Gieße die Milch, Schlagsahne und den Zucker in einen mittelgroßen Topf. Füge die Prise Salz hinzu und erhitze alles bei mittlerer Hitze, bis sich der Zucker vollständig aufgelöst hat.
2. In der Zwischenzeit schlage die Eigelbe in einer separaten Schüssel auf. Füge langsam die warme Milchmischung hinzu und rühre ständig um, um die Eigelbe zu temperieren.
3. Gib die Mischung zurück in den Topf und erhitze sie bei niedriger Hitze weiter. Rühre ständig, bis die Mischung leicht eingedickt ist und den Rücken eines Löffels bedeckt.
4. Nimm den Topf vom Herd und füge die Erdnussbutter und den Vanilleextrakt hinzu. Rühre, bis alles gut vermischt und die Erdnussbutter geschmolzen ist.
5. Lass die Mischung abkühlen und stelle sie dann mindestens 2 Stunden lang, am besten über Nacht, in den Kühlschrank.
6. Verarbeite die Mischung in deiner Eismaschine gemäß den Angaben des Herstellers.

Kaffee-Milcheis mit Schokochips

Zubereitungszeit: 20 Minuten
Portionen: 4

Zutaten:

- 500 ml Vollmilch, gut gekühlt
- 200 ml Kaffee, frisch gebrüht und abgekühlt
- 150 g Zucker
- 2 EL Kakaopulver, ungesüßt
- 2 TL Vanilleextrakt
- 200 g Schokochips

Zubereitung:

1. Mische in einer großen Schüssel die gut gekühlte Milch mit dem Zucker, bis sich der Zucker vollständig aufgelöst hat.
2. Füge den abgekühlten Kaffee, das Kakaopulver und den Vanilleextrakt hinzu. Rühre alles gut durch, bis es eine gleichmäßige Mischung ist.
3. Gieße die Mischung in die Eismaschine. Folge dabei den Anweisungen des Herstellers deiner Eismaschine. Lass das Eis so lange in der Eismaschine, bis es die gewünschte Konsistenz erreicht hat.
4. Kurz bevor das Eis die gewünschte Konsistenz erreicht, füge die Schokochips hinzu und lasse die Maschine weiterlaufen, bis die Schokochips gut verteilt sind.
5. Fülle das Eis in einen luftdichten Behälter und friere es mindestens 4 Stunden oder über Nacht ein, um die beste Konsistenz zu erreichen.

Haselnuss-Schoko-Eis

Zubereitungszeit: 30 Minuten
Portionen: 4

Zutaten:

- 200 g Haselnüsse, geröstet und grob gehackt
- 150 g dunkle Schokolade, grob zerkleinert
- 500 ml Vollmilch
- 250 ml Sahne
- 150 g Zucker
- 1 TL Vanilleextrakt
- 4 Eigelbe von Bio-Eiern

Zubereitung:

1. Gib die Milch, die Sahne und die Hälfte des Zuckers in einen Topf und erhitze die Mischung langsam auf mittlerer Stufe. Rühre dabei ständig um, damit sich der Zucker vollständig auflöst.
2. In der Zwischenzeit vermische die Eigelbe mit dem restlichen Zucker in einer separaten Schüssel, bis die Mischung cremig und hell ist.
3. Sobald die Milchmischung heiß ist (sie sollte nicht kochen), gieße sie langsam in die Eigelbmischung und rühre dabei ständig, um die Eigelbe nicht zu kochen. Dies ist ein wichtiger Schritt, um deine Eismischung glatt und cremig zu machen.
4. Gib die Mischung zurück in den Topf und erhitze sie bei niedriger Temperatur, bis sie etwas eingedickt ist. Sie sollte die Konsistenz von flüssiger Sahne haben.
5. Nimm den Topf vom Herd und füge die dunkle Schokolade hinzu. Rühre so lange, bis die Schokolade vollständig geschmolzen ist und sich mit der Mischung verbindet.
6. Füge nun den Vanilleextrakt und die gehackten Haselnüsse hinzu und rühre alles gut durch.
7. Lasse die Eismischung abkühlen, bevor du sie in die Eismaschine gibst. Verarbeite das Eis dann gemäß den Anweisungen des Herstellers deiner Eismaschine.
8. Fülle das fertige Eis in einen Behälter und friere es für mindestens 4 Stunden oder bis zur gewünschten Konsistenz ein.

Zimt-Milcheis mit Apfelstückchen

Zubereitungszeit: 20 Minuten
Portionen: 4

Zutaten:

- 500 ml Vollmilch
- 200 g Zucker
- 1 TL Zimt
- 1 EL Vanillezucker
- 4 Eigelbe von Bio-Eiern
- 200 ml Schlagsahne
- 2 Äpfel, gewürfelt

Zubereitung:

1. Gib zuerst die Vollmilch, den Zucker, den Zimt und den Vanillezucker in einen Topf. Erhitze die Mischung auf mittlerer Stufe und rühre dabei ständig, bis der Zucker vollständig aufgelöst ist.
2. Während die Milch erhitzt wird, schlage die Eigelbe in einer separaten Schüssel schaumig.
3. Sobald die Milchmischung heiß ist, gib sie vorsichtig zu den Eigelben. Rühre dabei ständig, um das Ei nicht zu sehr zu erhitzen.
4. Nachdem die Eier und die Milch gut vermischt sind, gib die Mischung zurück in den Topf. Koche sie auf niedriger Stufe, bis sie etwas eindickt.
5. Wenn die Mischung dickflüssiger geworden ist, nimm sie vom Herd und lasse sie abkühlen. Rühre während des Abkühlens gelegentlich um.
6. In der Zwischenzeit schlage die Schlagsahne in einer separaten Schüssel, bis sie Spitzen bildet. Sobald die Eis-Mischung abgekühlt ist, falte die Schlagsahne vorsichtig ein.
7. Würfel die Äpfel in kleine Stücke und füge sie der Eis-Mischung hinzu.
8. Verarbeite das Eis jetzt in der Eismaschine, nach den Angaben des Herstellers. Nach der Zubereitung im Eisbereiter, lege das Eis in einen Behälter und lasse es mehrere Stunden im Gefrierschrank fest werden.

Karamellisierte Walnuss-Eiscreme

Zubereitungszeit: 45 Minuten
Portionen: 4

Zutaten:

- 400 ml Vollmilch
- 200 g Zucker
- 5 Eigelbe von Bio-Eiern
- 300 ml Sahne
- 100 g Walnüsse, grob gehackt
- 1 TL Vanilleextrakt
- **Für das Karamell:**
- 100 g Zucker
- 2 EL Wasser

Zubereitung:

1. Beginne mit der Herstellung des Karamells. Gib den Zucker und das Wasser in eine Pfanne und erhitzte diese auf mittlerer Stufe, bis sich der Zucker vollständig aufgelöst hat und eine goldbraune Farbe annimmt. Vorsicht, der Zucker kann schnell verbrennen!
2. Füge die gehackten Walnüsse zum Karamell hinzu und rühre um, bis alle Walnüsse gut mit dem Karamell bedeckt sind. Nimm die Pfanne vom Herd und lass die Walnüsse auf einem Backpapier abkühlen und aushärten.
3. Für die Eiscreme erwärme die Milch in einem Topf, aber achte darauf, dass sie nicht kocht.
4. Während die Milch erhitzt wird, verquirlst du die Eigelb mit dem Zucker in einer separaten Schüssel, bis die Mischung hell und schaumig ist.
5. Gieße die heiße Milch langsam in die Eigelb-Zucker-Mischung, während du ständig rührst.
6. Gieße die Mischung zurück in den Topf und koche sie bei niedriger Hitze, bis sie leicht eindickt. Dies bildet die Eismasse.
7. Sobald die Eismasse die richtige Konsistenz hat, nimmst du sie vom Herd und rührst die Sahne und den Vanilleextrakt ein. Lass die Mischung abkühlen.
8. Wenn die Eismasse abgekühlt ist, füge die karamellisierten Walnüsse hinzu und rühre um, um sie gleichmäßig zu verteilen.
9. Verarbeite die Mischung in der Eismaschine nach den Angaben des Herstellers.

Veganes Eis

Schoko-Avocado-Eis

Zubereitungszeit: 15 Minuten
Portionen: 4

Zutaten:

- 2 reife Avocados, halbiert und entkernt
- 200 g dunkle vegane Schokolade, grob gehackt
- 250 ml ungesüßte Mandelmilch
- 100 g Rohrzucker
- 3 EL Kakaopulver
- 1 TL Vanilleextrakt
- Eine Prise Salz

Zubereitung:

1. Die Schokolade in einer kleinen Schüssel im Wasserbad schmelzen. Stelle sicher, dass das Wasser den Boden der Schüssel nicht berührt.
2. Das Fruchtfleisch der Avocados mit einem Löffel aus der Schale kratzen und in einen leistungsstarken Mixer geben.
3. Gib die geschmolzene Schokolade, die Mandelmilch, den Rohrzucker, das Kakaopulver, den Vanilleextrakt und eine Prise Salz in den Mixer zu den Avocados.
4. Mixe alles auf hoher Stufe, bis eine glatte und cremige Masse entsteht. Vergewissere dich, dass keine Stückchen mehr vorhanden sind.
5. Nun ist es an der Zeit, die Eismaschine zu nutzen. Gieße die Eiscrememasse in die Eismaschine und verarbeite sie gemäß den Angaben des Herstellers.
6. Sobald das Eis die gewünschte Konsistenz erreicht hat, serviere es sofort oder fülle es in einen Behälter und bewahre es im Gefrierfach auf.
7. Lasse das Eis vor dem Servieren etwa 10 Minuten bei Raumtemperatur weich werden. So lässt es sich leichter portionieren und hat die perfekte cremige Konsistenz.

Kokos-Blaubeer-Eis

Zubereitungszeit: 20 Minuten
Portionen: 4

Zutaten:

- 200 g Blaubeeren, frisch und gewaschen
- 400 ml Kokosmilch, vollfett und gut geschüttelt
- 3 EL Ahornsirup
- 1 TL Vanilleextrakt
- 2 EL Kokosöl, geschmolzen
- 1 Prise Salz
- 1 EL Bio-Limettensaft, frisch gepresst

Zubereitung:

1. Nimm die Blaubeeren und püriere sie in einem Mixer oder mit einem Stabmixer, bis sie eine gleichmäßige Masse ergeben.
2. Gib nun die Kokosmilch, den Ahornsirup, den Vanilleextrakt, das geschmolzene Kokosöl, eine Prise Salz und den Limettensaft hinzu. Püriere alles erneut, bis die Mischung homogen und glatt ist.
3. Gieße diese Mischung in deine Eismaschine und verarbeite sie nach den Angaben des Herstellers.
4. Sobald dein Eis die gewünschte Konsistenz hat, teile es in vier Portionen auf und serviere es sofort oder bewahre es im Gefrierfach auf, wenn du es später genießen möchtest.

Erdbeer-Basilikum-Eis

Zubereitungszeit: 30 Minuten
Portionen: 4

Zutaten:

- 500 g frische Erdbeeren, gewaschen und halbiert
- 10 frische Basilikumblätter, gewaschen und grob gehackt
- 400 ml Kokosmilch, aus dem Kühlschrank
- 150 g Zucker
- Saft und Schale von 1 Bio-Zitrone
- 1 TL Salz

Zubereitung:

1. Die Erdbeeren, den Zucker, den Zitronensaft und die Zitronenschale in einen großen Topf geben. Auf mittlerer Hitze kochen lassen, bis die Erdbeeren weich sind und ihren Saft abgegeben haben. Das dauert etwa 10 bis 15 Minuten.
2. Die Erdbeermischung vom Herd nehmen und leicht abkühlen lassen.
3. In der Zwischenzeit die Kokosmilch in eine Schüssel geben und das Salz unterrühren.
4. Die abgekühlte Erdbeermischung und die Basilikumblätter in einen Mixer geben und pürieren, bis alles gut vermischt und glatt ist. Die Mischung sollte dick und samtig sein.
5. Die Erdbeermischung in die Schüssel mit der Kokosmilch geben und gut umrühren, bis alles gleichmäßig vermischt ist.
6. Die Eismischung in deine Eismaschine geben und nach den Anweisungen des Herstellers verarbeiten.
7. Das fertige Eis in einen geeigneten Behälter geben und für mindestens 2 Stunden oder bis zur gewünschten Festigkeit in den Gefrierschrank stellen.
8. Vor dem Servieren das Eis etwa 10 Minuten bei Raumtemperatur stehen lassen, damit es sich leichter portionieren lässt. Mit frischen Erdbeeren und Basilikumblättern garnieren und genießen.

Matcha-Eis mit Mandelmilch

Zubereitungszeit: 20 Minuten
Portionen: 4

Zutaten:

- 500 ml Mandelmilch
- 2 EL Matcha-Pulver
- 120 g Rohrohrzucker
- 200 ml Kokoscreme
- 1 TL Vanilleextrakt
- Eine Prise Salz
- 50 g dunkle Schokolade (70% Kakao), gehackt

Zubereitung:

1. Erwärme zuerst die Mandelmilch in einem mittelgroßen Topf bei mittlerer Hitze. Füge den Rohrohrzucker hinzu und rühre, bis er sich aufgelöst hat.
2. Reduziere die Hitze und füge das Matcha-Pulver hinzu. Rühre gut um, um sicherzustellen, dass keine Klümpchen vorhanden sind.
3. Füge nun die Kokoscreme, das Vanilleextrakt und eine Prise Salz hinzu. Mische alles gut durch, bis die Mischung eine gleichmäßige, cremige Konsistenz hat. Nimm den Topf vom Herd und lass die Mischung auf Raumtemperatur abkühlen.
4. Während die Mischung abkühlt, hacke die dunkle Schokolade grob und setze sie zur Seite.
5. Sobald die Mischung abgekühlt ist, gieße sie in deine Eismaschine und verarbeite sie nach den Angaben des Herstellers.
6. Füge kurz bevor das Eis fertig ist, die gehackte Schokolade hinzu und lass sie noch kurz weitermischen.
7. Verteile das Eis auf vier Portionsbehälter und stelle es für mindestens 4 Stunden oder über Nacht in den Gefrierschrank, um es fest werden zu lassen.

Cashew-Vanille-Eis

Zubereitungszeit: 30 Minuten
Portionen: 4

Zutaten:

- 200 g rohe Cashewnüsse, über Nacht eingeweicht und abgetropft
- 500 ml Mandelmilch, ungezuckert
- 3 EL Ahornsirup
- 1 Vanilleschote, aufgeschnitten und das Mark herausgekratzt
- 1 Prise Salz
- 100 g dunkle Schokolade, grob gehackt

Zubereitung:

1. Gib die eingeweichten Cashewnüsse, Mandelmilch, Ahornsirup, das Vanillemark und eine Prise Salz in einen Hochleistungsmixer. Mixe alles auf hoher Stufe, bis die Mischung glatt und cremig ist.
2. Probiere die Mischung und füge bei Bedarf noch etwas Ahornsirup hinzu.
3. Fülle die Mischung in die Eismaschine und verarbeite sie gemäß den Angaben des Herstellers.
4. Während das Eis in der Eismaschine verarbeitet wird, hacke die Schokolade grob. Wenn das Eis fast fertig ist (es sollte eine cremige, aber feste Konsistenz haben), füge die Schokolade hinzu und lass die Maschine noch ein paar Minuten weiterlaufen, um die Schokolade gut zu verteilen.
5. Gib das Eis in einen gefrierfesten Behälter und lasse es im Gefrierschrank fest werden. Bevor du es servierst, lasse es ein paar Minuten bei Raumtemperatur stehen, um es etwas weicher zu machen.

Mango-Kokos-Sorbet

Zubereitungszeit: 30 Minuten
Portionen: 4

Zutaten:

- 2 reife Mangos, geschält und entkernt
- 400 ml Kokosmilch, gut geschüttelt
- 200 g Rohrzucker
- Saft einer Bio-Limette
- Eine Prise Meersalz
- 50 ml weißer Rum (optional)

Zubereitung:

1. Schneide zuerst die Mangos in grobe Würfel. Dann drücke die Limette aus und stelle beides zur Seite.
2. In einem mittelgroßen Topf kombiniere die Kokosmilch und den Rohrzucker. Erhitze die Mischung bei mittlerer Hitze unter ständigem Rühren, bis sich der Zucker vollständig aufgelöst hat. Dies sollte etwa 5 Minuten dauern.
3. Entferne den Topf von der Hitze und lasse die Mischung etwa 10 Minuten abkühlen.
4. Gib die Mangowürfel, den Limettensaft und die abgekühlte Kokosmilch-Zucker-Mischung in einen Mixer. Füge eine Prise Salz hinzu und mixe alles, bis eine glatte Mischung entsteht.
5. Falls du möchtest, kannst du an diesem Punkt den Rum hinzufügen. Dies ist optional, aber es verleiht dem Sorbet eine exotische Note und verbessert die Textur.
6. Nun gib die Mischung in deine Eismaschine und verarbeite sie nach den Angaben des Herstellers.
7. Nachdem das Eis fertig ist, fülle es in einen Behälter und lasse es mindestens 4 Stunden oder über Nacht im Gefrierschrank fest werden.
8. Serviere das Mango-Kokos-Sorbet in schönen Schalen und genieße das tropische Flair. Vielleicht sogar mit ein wenig frischer Minze dekoriert, wenn du magst.

Bananen-Erdnuss-Eis

Zubereitungszeit: 30 Minuten
Portionen: 4

Zutaten:

- 4 reife Bananen, geschält und in Scheiben geschnitten
- 200 ml ungesüßte Mandelmilch
- 100 g glatte Erdnussbutter, ohne Zuckerzusatz
- 3 EL Ahornsirup
- 1 TL Vanilleextrakt
- 2 EL Kakaonibs

Zubereitung:

1. Lege die Bananenscheiben auf ein Backblech und friere sie für mindestens 2 Stunden ein, bis sie fest sind.
2. Gib die gefrorenen Bananenscheiben, Mandelmilch, Erdnussbutter, Ahornsirup und Vanilleextrakt in einen leistungsstarken Mixer. Mixe alles zusammen, bis du eine cremige Masse erhältst.
3. Fülle die Masse in deine Eismaschine und verarbeite sie nach den Anweisungen des Herstellers.
4. Kurz vor dem Ende der Gefrierzeit in der Eismaschine, füge die Kakaonibs hinzu und lasse die Maschine sie unterrühren.
5. Wenn das Eis die gewünschte Konsistenz erreicht hat, kannst du es sofort servieren. Falls du es fester möchtest, gib es in eine geeignete Behälter und stelle es für 1-2 Stunden in den Gefrierschrank.
6. Vor dem Servieren lasse das Eis etwa 10 Minuten bei Raumtemperatur stehen, um es etwas weicher zu machen. Mit einer Eiskugelzange oder einem Löffel portionieren und genießen!

Schoko-Chili-Eis

Zubereitungszeit: 30 Minuten
Portionen: 4

Zutaten:

- 2 EL ungesüßter Kakao, gesiebt
- 400 ml Dosen-Kokosmilch, vollfett
- 120 g dunkle Schokolade, mindestens 70% Kakaogehalt, gehackt
- 150 g Zucker
- 1/4 TL Salz
- 2 TL Vanilleextrakt
- 1/2 - 1 TL Chiliflocken, je nach Schärfevorliebe

Zubereitung:

1. Die Kokosmilch in einen mittelgroßen Topf geben. Den gesiebten Kakao, den Zucker und das Salz hinzufügen. Unter ständigem Rühren bei mittlerer Hitze erhitzen, bis sich der Kakao und der Zucker vollständig aufgelöst haben.
2. Die dunkle Schokolade hinzufügen und ständig rühren, bis die Schokolade vollständig geschmolzen ist und sich mit der Kokosmilch vermischt hat.
3. Den Topf vom Herd nehmen und den Vanilleextrakt einrühren.
4. Die Chiliflocken hinzufügen. Beginne mit der kleineren Menge und füge mehr hinzu, bis das Eis die gewünschte Schärfe hat. Rühre gut um, um sicherzustellen, dass die Chiliflocken gleichmäßig verteilt sind.
5. Lass die Eismischung für mindestens 2 Stunden oder über Nacht im Kühlschrank abkühlen. Die Mischung muss vollständig abgekühlt sein, bevor du sie in die Eismaschine gibst.
6. Verarbeite die gekühlte Eismischung in der Eismaschine nach den Anweisungen des Herstellers.
7. Das Eis in einen verschließbaren Behälter geben und mindestens 4 Stunden, aber am besten über Nacht, im Gefrierschrank fest werden lassen.

Himbeer-Minze-Sorbet

Zubereitungszeit: 30 Minuten
Portionen: 4

Zutaten:

- 500 g frische Himbeeren, gewaschen
- 40 g frische Minzblätter, fein gehackt
- 200 ml Wasser
- 150 g Rohrzucker
- Saft von 1 Bio-Zitrone
- 1 TL Vanilleextrakt

Zubereitung:

1. Gib zuerst das Wasser und den Rohrzucker in einen Topf. Erwärme die Mischung auf mittlerer Stufe und rühre sie ständig, bis der Zucker vollständig aufgelöst ist. Dies schafft eine einfache Zuckersirup-Basis für dein Sorbet.
2. Füge nun den Saft der Zitrone und den Vanilleextrakt zum Sirup hinzu und verrühre alles gut. Lass die Mischung kurz aufkochen und nehme sie dann vom Herd. Stelle den Topf beiseite, um den Sirup abkühlen zu lassen.
3. In der Zwischenzeit gibst du die gewaschenen Himbeeren in einen Mixer oder eine Küchenmaschine. Zerkleinere die Früchte, bis sie eine glatte Konsistenz erreicht haben.
4. Sobald der Sirup abgekühlt ist, gibst du ihn zu den pürierten Himbeeren in den Mixer. Füge nun die fein gehackten Minzblätter hinzu und verarbeite alles nochmal kurz, bis die Mischung gut vermischt ist.
5. Jetzt geht es ab in die Eismaschine! Folge den Anweisungen deines Herstellers und fülle die Mischung in die Maschine.
6. Sobald das Sorbet die gewünschte Konsistenz erreicht hat, gibst du es in einen geeigneten Behälter und stellst es noch für mindestens 2 Stunden in den Gefrierschrank, um es richtig durchzukühlen und fest werden zu lassen.

Pfirsich-Lavendel-Eis

Zubereitungszeit: 30 Minuten
Portionen: 4

Zutaten:

- 600 g frische Pfirsiche, entkernt und in kleine Stücke geschnitten
- 60 ml Agavendicksaft
- 1 EL getrockneter Lavendel, zerkleinert
- 600 ml Kokosmilch, gut gekühlt
- 2 TL Vanilleextrakt

Zubereitung:

1. Nimm die Pfirsichstücke, gib sie in einen mittelgroßen Topf und füge den Agavendicksaft hinzu. Bei mittlerer Hitze zum Kochen bringen, dann die Hitze reduzieren und köcheln lassen, bis die Pfirsiche weich sind. Dies dauert etwa 10-15 Minuten.
2. Gib den Lavendel in einen Teefilter oder in ein Teesieb. Hänge diesen in den Topf mit den Pfirsichen und lass es noch weitere 5 Minuten köcheln.
3. Entferne den Lavendel und püriere die Pfirsiche mit einem Stabmixer oder in einer Küchenmaschine zu einer glatten Masse. Lass die Mischung abkühlen.
4. In einer großen Schüssel vermischst du die Kokosmilch mit dem Vanilleextrakt.
5. Füge das Pfirsichpüree hinzu und verrühre alles gut miteinander.
6. Nun kannst du die Mischung in deine Eismaschine geben und gemäß den Anweisungen des Herstellers verarbeiten.
7. Sobald die Mischung die Konsistenz von weichem Eis erreicht hat, gib sie in einen luftdichten Behälter und friere sie für mindestens 4 Stunden oder bis zur festen Konsistenz ein.

Eiskreationen mit Alkohol

Pina Colada-Eis

Zubereitungszeit: 30 Minuten
Portionen: 4

Zutaten:

- 400 ml Kokosmilch, gut geschüttelt
- 200 g Zucker
- 1 Prise Salz
- 4 Eigelbe von Bio-Eiern
- 60 ml weißer Rum
- 120 ml Ananassaft
- 80 g frische Ananasstücke, klein geschnitten
- 50 g Kokosraspeln, geröstet

Zubereitung:

1. Gib die Kokosmilch, den Zucker und das Salz in einen mittelgroßen Topf. Erhitze die Mischung bei mittlerer Hitze, bis der Zucker vollständig gelöst ist. Dies dauert ungefähr 5 Minuten.
2. Schlage währenddessen die Eigelb in einer separaten Schüssel auf. Sobald die Kokosmilchmischung erhitzt ist, gib langsam etwas von der warmen Mischung in die Eigelb und rühre gut um. Dies wird als Temperieren bezeichnet und verhindert, dass die Eigelb gerinnen.
3. Gib die Eigelb-Kokosmilch-Mischung zurück in den Topf und lasse sie bei niedriger Hitze köcheln, bis sie leicht dickflüssig ist. Dies dauert ungefähr 10 Minuten. Rühre dabei ständig um.
4. Nimm den Topf vom Herd und lasse die Mischung auf Raumtemperatur abkühlen. Rühre den Rum und den Ananassaft ein.
5. Sobald die Mischung abgekühlt ist, verarbeite sie in deiner Eismaschine gemäß den Anweisungen des Herstellers.
6. Während das Eis in der Maschine ist, röste die Kokosraspeln in einer Pfanne ohne Fett, bis sie goldbraun sind. Lasse sie anschließend abkühlen.
7. Wenn das Eis die gewünschte Konsistenz erreicht hat, gib die Ananasstücke und die gerösteten Kokosraspeln dazu. Lasse es für mindestens 2 Stunden im Gefrierschrank fest werden.
8. Serviere das Pina Colada-Eis in schönen Schälchen und genieße den tropischen Genuss!

Gin Tonic-Sorbet

Zubereitungszeit: 20 Minuten
Portionen: 4

Zutaten:

- 200 ml Gin deiner Wahl
- 600 ml Tonic Water
- Saft und Schale von 2 frischen Bio-Limetten
- 150 g Zucker
- 2 EL Honig
- Frische Minzblätter zur Garnierung (optional)

Zubereitung:

1. Nimm eine mittelgroße Schüssel und füge den Zucker, Gin und das Tonic Water hinzu. Rühre alles gut durch, bis sich der Zucker vollständig aufgelöst hat.
2. Drücke die Limetten aus und gib den Saft zusammen mit der geriebenen Schale in die Schüssel. Rühre erneut gut durch, um alle Aromen miteinander zu verbinden.
3. Gib nun den Honig hinzu und rühre so lange, bis er sich komplett mit den anderen Zutaten vermischt hat.
4. Nun ist es Zeit, das Sorbet in die Eismaschine zu geben. Verarbeite das Eis in der Eismaschine nach den Angaben des Herstellers.
5. Sobald das Sorbet die gewünschte Konsistenz erreicht hat, verteile es auf vier Gläser oder Schüsseln. Falls du möchtest, garniere jede Portion mit ein paar frischen Minzblättern.

Rum-Rosinen-Eis

Zubereitungszeit: 40 Minuten
Portionen: 4

Zutaten:

- 500 ml Vollmilch
- 200 ml Sahne
- 160 g Zucker
- 6 Eigelbe von Bio-Eiern
- 100 g Rosinen
- 80 ml dunkler Rum
- 1 Vanilleschote, das Mark herauskratzen

Zubereitung:

1. Gib die Rosinen in eine Schüssel und gieße den Rum darüber. Lass sie mindestens eine Stunde, besser über Nacht, einweichen.
2. Mische die Vollmilch und Sahne in einem Topf. Schneide die Vanilleschote längs auf und kratze das Mark heraus. Gib die Schote und das Mark zur Milch-Sahne-Mischung. Erhitze die Mischung auf mittlerer Hitze, bis sie kurz vorm Siedepunkt ist.
3. Schlage in einer separaten Schüssel die Eigelbe und den Zucker zusammen, bis sie gut vermischt sind.
4. Nun gib die heiße Milch-Sahne-Mischung in kleinen Mengen zur Eigelb-Zucker-Mischung, während du kontinuierlich rührst. Achte darauf, dass du nur wenig Flüssigkeit auf einmal hinzufügst, um die Eier nicht zu kochen.
5. Schütte die Mischung zurück in den Topf und erhitze sie bei niedriger Hitze. Rühre kontinuierlich, bis die Mischung dick genug ist, um einen Löffelrücken zu bedecken.
6. Lass die fertige Eismasse durch ein Sieb laufen und in eine saubere Schüssel geben. Entferne dabei die Vanilleschote.
7. Lass die Eismasse abkühlen und stelle sie für mindestens 2 Stunden in den Kühlschrank.
8. Gib die gekühlte Eismasse in deine Eismaschine und verarbeite sie nach den Angaben des Herstellers. Füge die Rum-Rosinen in den letzten Minuten der Eismaschinenlaufzeit hinzu.
9. Fülle das fertige Eis in einen verschließbaren Behälter und lasse es im Gefrierschrank für mindestens 4 Stunden oder bis zur gewünschten Konsistenz fest werden.

Erdbeer-Mojito-Sorbet

Zubereitungszeit: 20 Minuten
Portionen: 4

Zutaten:

- 500 g Erdbeeren, gewaschen und entstielt
- 120 ml weißer Rum
- 120 ml frisch gepresster Bio-Limettensaft
- 100 g Zucker
- 60 ml Wasser
- 30 g frische Minzblätter, grob gehackt
- Prise Salz

Zubereitung:

1. Zuerst gib den Zucker und das Wasser in einen kleinen Topf. Erhitze die Mischung auf mittlerer Stufe und rühre dabei stetig, bis sich der Zucker vollständig aufgelöst hat. Nimm den Topf dann vom Herd und lass den Sirup abkühlen.
2. Während der Sirup abkühlt, bereite die Erdbeeren vor. Schneide die Erdbeeren in Stücke und gib sie in den Mixer.
3. Füge den abgekühlten Sirup, den Limettensaft, den Rum, die gehackte Minze und eine Prise Salz zu den Erdbeeren im Mixer hinzu. Püriere alles, bis du eine glatte Mischung erhältst.
4. Gieße die Mischung durch ein feines Sieb, um eventuelle Samen oder Minzstückchen zu entfernen.
5. Gib die glatte Mischung in die Eismaschine und verarbeite das Sorbet nach den Angaben des Herstellers.
6. Sobald das Sorbet die gewünschte Konsistenz erreicht hat, fülle es in einen Behälter und stelle es für mindestens 2 Stunden in den Gefrierschrank, um es richtig fest werden zu lassen.
7. Vor dem Servieren das Erdbeer-Mojito-Sorbet etwa 10 Minuten bei Raumtemperatur weich werden lassen. Dann portioniere das Sorbet und serviere es sofort.

Prosecco-Pfirsich-Sorbet

Zubereitungszeit: 20 Minuten
Portionen: 4

Zutaten:

- 2 große reife Pfirsiche, entsteint und in kleine Stücke geschnitten
- 120 ml Wasser
- 120 g Zucker
- 360 ml Prosecco
- 1 EL Bio-Zitronensaft
- 1 Prise Salz
- Minzblätter zum Garnieren (optional)

Zubereitung:

1. Gib Wasser und Zucker in einen mittelgroßen Topf und erhitze das Ganze bei mittlerer Hitze. Rühre so lange, bis der Zucker vollständig aufgelöst ist. Dies bildet den sogenannten Zuckersirup.
2. Füge die in Stücke geschnittenen Pfirsiche zum Zuckersirup hinzu. Koche sie bei mittlerer Hitze etwa 10 Minuten lang, bis die Pfirsiche weich sind.
3. Entferne den Topf vom Herd und lass die Mischung etwas abkühlen. Püriere dann die Mischung mit einem Stabmixer oder in einem Standmixer zu einer glatten Masse.
4. Gib den Zitronensaft, den Prosecco und eine Prise Salz hinzu. Rühre alles gut durch, bis es vollständig vermischt ist.
5. Lass die Mischung vollständig abkühlen. Dann gib sie in deine Eismaschine und verarbeite sie nach den Angaben des Herstellers zu Sorbet.
6. Sobald das Sorbet die gewünschte Konsistenz erreicht hat, kannst du es servieren. Garniere es nach Belieben mit frischen Minzblättern.

Baileys-Creme-Eis

Zubereitungszeit: 20 Minuten
Portionen: 4

Zutaten:

- 500 ml Sahne, kalt
- 200 ml Baileys Original Irish Cream
- 100 g Zucker
- 2 TL Vanilleextrakt
- 4 Eigelbe von Bio-Eiern
- Eine Prise Salz
- 50 g dunkle Schokolade, fein gehackt

Zubereitung:

1. Gib zuerst den Zucker, das Eigelb und eine Prise Salz in eine hitzebeständige Schüssel und vermenge diese Zutaten sorgfältig mit einem Schneebesen. Das Gemisch sollte leicht und schaumig sein.
2. Erhitze die Sahne in einem Topf auf mittlerer Stufe, ohne sie zum Kochen zu bringen. Rühre den Vanilleextrakt ein und nimm den Topf vom Herd.
3. Gieße die heiße Sahne langsam in die Eigelbmischung und rühre dabei stetig, um die Eigelb zu temperieren und nicht zu kochen.
4. Stelle die Schüssel mit der Ei-Sahne-Mischung zurück auf den Herd, die Hitze sollte jetzt niedrig eingestellt sein. Rühre die Mischung weiter, bis sie leicht eingedickt ist.
5. Nimm die Schüssel vom Herd und lass die Mischung etwas abkühlen. Gib dann den Baileys dazu und verrühre alles gut miteinander.
6. Sobald die Mischung abgekühlt ist, gib sie in deine Eismaschine und verarbeite das Eis nach den Angaben des Herstellers.
7. Kurz bevor das Eis fertig ist, gib die gehackte Schokolade dazu. Lass das Eis noch für ein paar Minuten in der Eismaschine, bis die Schokolade gleichmäßig verteilt ist.
8. Serviere das Eis direkt oder bewahre es in einem luftdichten Behälter im Gefrierfach auf, bis es die gewünschte Festigkeit erreicht hat. Genieße deine selbstgemachte Eiskreation!

Limoncello-Sorbet

Zubereitungszeit: 25 Minuten
Portionen: 4

Zutaten:

- 150 g Zucker
- 250 ml Wasser
- 200 ml Limoncello
- Saft und abgeriebene Schale von 3 frischen Bio-Zitronen
- 2 EL Honig
- 1 TL frisch geriebener Ingwer
- Minzblätter zum Garnieren

Zubereitung:

1. Gib zuerst den Zucker und das Wasser in einen mittelgroßen Topf. Setze diesen auf mittlere Hitze und rühre so lange, bis sich der Zucker komplett aufgelöst hat. Dies sollte etwa 5 Minuten dauern.
2. Währenddessen reibe die Schale von den Zitronen ab und presse ihren Saft aus. Sei dabei vorsichtig, denn wir brauchen sowohl den Saft als auch die Schale für unser Sorbet.
3. Sobald der Zucker aufgelöst ist, füge den Limoncello, den Zitronensaft, die Zitronenschale, den Honig und den frisch geriebenen Ingwer hinzu. Verrühre alles gut miteinander und lasse die Mischung dann für weitere 10 Minuten auf niedriger Hitze köcheln.
4. Nach den 10 Minuten nimmst du den Topf vom Herd und lässt die Mischung vollständig abkühlen. Decke den Topf ab und stelle ihn für mindestens 2 Stunden in den Kühlschrank, damit die Mischung richtig kalt wird.
5. Wenn die Mischung vollständig abgekühlt ist, gib sie in deine Eismaschine und verarbeite sie nach den Angaben des Herstellers. Sobald das Sorbet die gewünschte Konsistenz erreicht hat, kannst du es servieren.
6. Garniere das Sorbet vor dem Servieren mit ein paar frischen Minzblättern und genieße die erfrischende Kombination von Limoncello und Zitrone!

Weißwein-Sorbet mit Trauben

Zubereitungszeit: 30 Minuten
Portionen: 4

Zutaten:

- 500 ml guter Weißwein, vorzugsweise trocken
- 200 g Zucker
- Saft von 1 Bio-Zitrone
- Schale von 1 Bio-Zitrone, fein gerieben
- 1 EL frischer Thymian, fein gehackt
- 400 g weiße Trauben, halbiert und entkernt

Zubereitung:

1. In einem mittelgroßen Topf den Zucker, Zitronensaft und Zitronenschale zusammengeben. Den Topf auf mittlerer Hitze setzen und den Zucker unter ständigem Rühren auflösen lassen.
2. Sobald der Zucker vollständig gelöst ist, den Weißwein vorsichtig in den Topf geben. Gut umrühren, damit sich alles schön vermischt. Den Thymian hinzufügen und alles zum Kochen bringen.
3. Sobald die Mischung kocht, die Hitze reduzieren und alles etwa 20 Minuten köcheln lassen. Anschließend den Topf vom Herd nehmen und die Mischung abkühlen lassen.
4. Nachdem die Mischung abgekühlt ist, gib sie in die Eismaschine und verarbeite das Sorbet nach den Angaben des Herstellers. Während das Sorbet in der Eismaschine ist, die Trauben vorbereiten. Sie sollten gewaschen, halbiert und entkernt sein.
5. Sobald das Sorbet fertig ist, nimm es aus der Eismaschine und gib es in eine geeignete Gefrierbox. Verteile die vorbereiteten Trauben gleichmäßig auf dem Sorbet. Decke die Box ab und stelle sie für mindestens 2 Stunden in den Gefrierschrank, damit das Sorbet fest wird.
6. Nach der Gefrierzeit kann das Weißwein-Sorbet mit Trauben serviert werden. Löffle das Sorbet in schöne Gläser oder Schalen und serviere es sofort.

Whisky-Schokoladen-Eis

Zubereitungszeit: 25 Minuten
Portionen: 4

Zutaten:

- 200 g dunkle Schokolade, grob gehackt
- 120 ml Whisky, deiner Wahl
- 500 ml Sahne, gekühlt
- 200 g Zucker
- 4 Eigelbe von Bio-Eiern
- 1 TL Vanilleextrakt
- 2 EL Kakaopulver, ungesüßt

Zubereitung:

1. Erhitze in einem kleinen Topf den Whisky langsam und vorsichtig. Füge die grob gehackte Schokolade hinzu und rühre, bis sie komplett geschmolzen ist. Nimm den Topf vom Herd und stelle ihn beiseite.
2. Schlage in einer großen Schüssel die Sahne steif und stelle sie kalt.
3. In einem mittelgroßen Topf erhitze den Zucker mit 100 ml Wasser bei mittlerer Hitze, bis der Zucker vollständig gelöst ist.
4. Gib in einer weiteren Schüssel die Eigelbe und das Kakaopulver hinzu. Gib nach und nach die Zuckerlösung hinzu und rühre dabei ständig, um die Eigelbe nicht zu kochen. Füge nun auch den Vanilleextrakt hinzu und rühre weiter.
5. Gib nun die Schokoladen-Whisky-Mischung zu der Eigelb-Kakao-Mischung und rühre alles gut durch, bis es gleichmäßig vermischt ist.
6. Füge jetzt die Schokoladen-Ei-Mischung zur geschlagenen Sahne hinzu und rühre vorsichtig, bis alles gut vermischt ist.
7. Nun kann die Eismischung in die Eismaschine gegeben werden. Verarbeite das Eis gemäß den Angaben des Herstellers deiner Eismaschine.

Kirsch-Likör-Eis

Zubereitungszeit: 30 Minuten
Portionen: 4

Zutaten:

- 400 g Kirschen, entkernt und halbiert
- 150 ml Kirschlikör
- 250 ml Sahne
- 250 ml Milch
- 130 g Zucker
- 4 Eigelbe von Bio-Eiern
- 1 Vanilleschote, Mark ausgekratzt

Zubereitung:

1. Lege zuerst die Kirschen in eine Schüssel und gieße den Kirschlikör darüber. Lass das Ganze etwa 15 Minuten marinieren.
2. In der Zwischenzeit mische Sahne, Milch und das Mark der Vanilleschote in einem Topf und erwärme die Mischung bei mittlerer Hitze. Lass die Sahne-Milch-Mischung nicht kochen!
3. Schlage währenddessen die Eigelbe mit dem Zucker in einer separaten Schüssel schaumig.
4. Gib nun die warme Sahne-Milch-Mischung langsam in die Schüssel mit den schaumig geschlagenen Eigelben, während du ständig rührst.
5. Nun geht's mit dieser Eigelb-Milch-Mischung zurück in den Topf. Erhitze die Mischung bei niedriger Hitze und rühre ständig, bis sie dicklich wird. Achte darauf, dass die Mischung nicht kocht!
6. Nimm den Topf vom Herd und füge die marinierten Kirschen mitsamt dem Likör hinzu.
7. Lass die Eisbasis nun auf Raumtemperatur abkühlen und stelle sie anschließend für mindestens 2 Stunden in den Kühlschrank.
8. Fülle die vollständig gekühlte Mischung in deine Eismaschine und verarbeite sie nach den Angaben des Herstellers.
9. Gib das fertige Eis in eine geeignete Gefrierdose und lass es für mindestens 4 Stunden im Gefrierfach durchfrieren.
10. Vor dem Servieren das Eis etwa 10 Minuten bei Raumtemperatur weich werden lassen. Dann ist dein köstliches Kirsch-Likör-Eis fertig zum Genießen!

Spezielle Gewürzeiscremes

Zimt-Eiscreme mit Apfelstückchen

Zubereitungszeit: 30 Minuten
Portionen: 4

Zutaten:

- 500 ml Milch
- 2 EL Zimt
- 150 g Zucker
- 3 Eigelbe von Bio-Eiern
- 1 TL Vanilleextrakt
- 200 ml Schlagsahne
- 2 Äpfel, geschält, entkernt und in kleine Stücke geschnitten
- 1 EL Bio-Zitronensaft
- 2 EL Honig

Zubereitung:

1. Gib die Milch und den Zimt in einen mittelgroßen Topf und erhitze sie bei mittlerer Hitze. Rühre gelegentlich um, um sicherzustellen, dass der Zimt gut mit der Milch vermischt ist.
2. In der Zwischenzeit schlägst du in einer Schüssel das Eigelb und den Zucker zusammen, bis die Mischung hell und schaumig ist. Füge das Vanilleextrakt hinzu und rühre es ein.
3. Sobald die Milch heiß ist, gib sie langsam zur Eigelbmischung, während du ständig rührst, um das Eigelb nicht zu kochen. Wenn alles gut vermischt ist, gieße die Mischung zurück in den Topf.
4. Koche die Eismischung bei niedriger Hitze, bis sie dick genug ist, um den Rücken eines Löffels zu bedecken. Rühre dabei ständig.
5. Während die Eismischung kocht, gib die Apfelstücke, den Zitronensaft und den Honig in eine Pfanne und koche sie bei mittlerer Hitze, bis die Äpfel weich sind und der Honig karamellisiert ist. Lass diese Mischung abkühlen.
6. Sobald die Eismischung die richtige Konsistenz erreicht hat, nimm den Topf vom Herd und lass ihn abkühlen. Rühre die Schlagsahne unter, bis alles gut vermischt ist.
7. Sobald die Eismischung und die Apfelmischung abgekühlt sind, füge die Apfelstücke zur Eismischung hinzu und rühre gut um.
8. Gib die fertige Mischung in die Eismaschine und verarbeite das Eis gemäß den Anweisungen des Herstellers.

Ingwer-Eiscreme mit Birne

Zubereitungszeit: 40 Minuten
Portionen: 4

Zutaten:

- 200 g frischer Ingwer, geschält und gerieben
- 4 reife Birnen, gewürfelt
- 500 ml Sahne
- 200 g Zucker
- 4 EL Honig
- Saft von einer Bio-Zitrone

Zubereitung:

1. Beginne damit, den frisch geriebenen Ingwer in eine mittelgroße Schüssel zu geben. Füge den Zucker hinzu und vermische beides gründlich.
2. In einem mittelgroßen Topf die Sahne langsam erhitzen. Sobald sie warm ist, die Ingwer-Zucker-Mischung hinzufügen und unter ständigem Rühren auf mittlerer Hitze köcheln lassen, bis sich der Zucker vollständig aufgelöst hat.
3. In der Zwischenzeit die Birnen würfeln und in eine große Schüssel geben. Den Honig und den Zitronensaft darüber verteilen und gut durchmischen.
4. Die Sahne-Ingwer-Mischung von der Hitze nehmen und abkühlen lassen. Nachdem die Mischung abgekühlt ist, die Birnen mit dem Honig und Zitronensaft hinzufügen und alles gut vermischen.
5. Nun nimm deine Eismaschine zur Hand. Gib die Mischung in die Eismaschine und lasse sie nach den Angaben des Herstellers verarbeiten.
6. Sobald die Eiscreme die gewünschte Konsistenz erreicht hat, kannst du sie servieren. Falls du sie fester magst, kannst du sie noch einige Stunden im Gefrierfach aufbewahren.

Kardamom-Eiscreme mit Pflaumen

Zubereitungszeit: 45 Minuten
Portionen: 4

Zutaten:

- 250 ml Vollmilch
- 200 g Sahne
- 100 g Zucker
- 6 grüne Kardamomkapseln, leicht zerstoßen
- 4 Eigelbe von Bio-Eiern
- 4 frische Pflaumen, entkernt und in kleine Stücke geschnitten
- 50 g Rohrzucker

Zubereitung:

1. Beginne, indem du die Milch, Sahne und Zucker in einen mittelgroßen Topf gibst. Füge die leicht zerstoßenen Kardamomkapseln hinzu und erhitze die Mischung bei mittlerer Hitze, bis sie kurz vor dem Kochen steht.
2. Während die Milch erhitzt wird, schlage die Eigelb in einer Schüssel, bis sie hell und cremig sind. Sobald die Milchmischung erhitzt ist, gib langsam etwas davon zu den Eigelben, während du weiter schlägst.
3. Gib diese Mischung zurück in den Topf und lasse sie bei geringer Hitze köcheln, bis sie dick genug ist, um einen Löffelrücken zu bedecken. Dies ist deine Kardamom-Custard-Basis.
4. Gieße die Kardamom-Custard durch ein Sieb in eine Schüssel, um die Kardamomkapseln zu entfernen. Lasse die Mischung abkühlen und stelle sie dann in den Kühlschrank, bis sie vollständig gekühlt ist.
5. Während die Custard abkühlt, bereite die Pflaumen vor. Gib die geschnittenen Pflaumen und den Rohrzucker in einen kleinen Topf und koche sie bei mittlerer Hitze, bis die Pflaumen weich sind und sich der Zucker aufgelöst hat.
6. Nimm den Topf vom Herd und lasse die Pflaumenmischung abkühlen. Sobald sie abgekühlt ist, püriere sie in einer Küchenmaschine oder mit einem Stabmixer, bis du ein glattes Pflaumenpüree hast.
7. Nun kommt der spannende Teil! Wenn die Kardamom-Custard und das Pflaumenpüree vollständig abgekühlt sind, gebe beides in deine Eismaschine und verarbeite das Eis nach den Angaben des Herstellers.
8. Sobald das Eis die gewünschte Konsistenz hat, kannst du es servieren oder in einen Behälter geben und einfrieren, bis es fest ist. Und voila, du hast eine köstliche Kardamom-Eiscreme mit Pflaumen gemacht!

Chai-Eiscreme

Zubereitungszeit: 30 Minuten
Portionen: 4

Zutaten:

- 500 ml Vollmilch
- 100 g weißen Zucker
- 5 EL losen Chai-Tee, fein gemahlen
- 4 Eigelbe von Bio-Eiern
- 200 ml Schlagsahne
- 1 TL Vanilleextrakt
- 1 Prise Salz

Zubereitung:

1. In einem mittelgroßen Topf vermischst du die Milch, den Zucker und den Chai-Tee. Erhitze die Mischung auf mittlerer Flamme, bis sie dampft, aber noch nicht kocht.
2. In einer separaten Schüssel schlägst du das Eigelb auf. Nun gießt du die warme Milchmischung langsam in die Schüssel mit dem Eigelb, dabei rührst du ständig um.
3. Gib diese Mischung zurück in den Topf und erhitze sie erneut auf mittlerer Stufe. Rühre dabei konstant, bis die Mischung andickt und die Konsistenz einer dünnen Vanillesoße hat. Dies sollte etwa 10 Minuten dauern.
4. In der Zwischenzeit schlägst du die Schlagsahne in einer anderen Schüssel, bis sie Spitzen bildet. Gib nun die warme Eimilchmischung, den Vanilleextrakt und eine Prise Salz hinzu und rühre alles gut durch.
5. Lass die Mischung komplett abkühlen. Du kannst sie in den Kühlschrank stellen, um den Vorgang zu beschleunigen.
6. Wenn die Mischung vollständig abgekühlt ist, verarbeite sie gemäß den Angaben des Herstellers in deiner Eismaschine.

Kurkuma-Eiscreme mit Honig

Zubereitungszeit: 20 Minuten
Portionen: 4

Zutaten:

- 500 ml Vollmilch
- 200 ml Sahne
- 120 g Honig
- 2 TL Kurkuma Pulver
- 1 TL Ingwer, frisch gerieben
- 2 EL Maisstärke
- 4 Eigelbe von Bio-Eiern

Zubereitung:

1. Vermische in einem mittelgroßen Topf die Vollmilch, Sahne, Honig, Kurkuma und geriebenen Ingwer. Erwärme die Mischung auf mittlerer Stufe und rühre dabei gelegentlich um, bis sie anfängt zu köcheln.
2. In einer separaten Schüssel mische das Eigelb mit der Maisstärke, bis eine glatte Paste entsteht. Gib etwa eine halbe Tasse der heißen Milchmischung dazu und rühre kräftig um, um die Eigelb-Mischung auf Temperatur zu bringen. Dieser Schritt wird als „Temperieren“ bezeichnet und verhindert, dass das Eigelb gerinnt.
3. Gieße die Eigelb-Mischung zurück in den Topf und rühre sie gründlich unter. Lass die Mischung bei niedriger Hitze köcheln, bis sie leicht dickflüssig wird, etwa 10 Minuten. Rühre dabei ständig um, um ein Anbrennen zu verhindern.
4. Nimm den Topf vom Herd und lass die Mischung auf Raumtemperatur abkühlen. Danach stelle sie für mindestens 2 Stunden, besser über Nacht, in den Kühlschrank, um sie vollständig zu kühlen.
5. Verarbeite die gekühlte Mischung in der Eismaschine nach den Angaben des Herstellers.
6. Verteile die fertige Eiscreme in eine geeignete Aufbewahrungsdose und lasse sie für mindestens 4 Stunden oder über Nacht im Gefrierschrank fest werden.
7. Voila, dein Kurkuma-Eiscreme mit Honig ist fertig! Serviere es alleine oder mit deinen Lieblings-Toppings.

Schoko-Chili-Eiscreme

Zubereitungszeit: 40 Minuten
Portionen: 4

Zutaten:

- 300 ml Vollmilch
- 200 ml Sahne
- 150 g Zartbitterschokolade, grob gehackt
- 3 EL Kakaopulver, ungesüßt
- 2 TL gemahlene Chiliflocken
- 2 EL Maisstärke
- 130 g Zucker
- 1 Prise Salz
- 1 TL Vanilleextrakt

Zubereitung:

1. Gib die Milch, Sahne, Kakaopulver, Chiliflocken und Zucker in einen Topf. Erwärme die Mischung auf mittlerer Hitze unter ständigem Rühren, bis der Zucker sich aufgelöst hat.
2. Nimm etwa 50 ml der warmen Milchmischung ab und rühre die Maisstärke ein, bis keine Klumpen mehr vorhanden sind.
3. Gib die Maisstärke-Milch-Mischung zurück in den Topf und rühre gut um. Koche die Mischung weiter, bis sie etwas eindickt. Das dauert etwa 10 Minuten.
4. Nimm den Topf vom Herd. Füge die gehackte Schokolade und die Prise Salz hinzu und rühre, bis die Schokolade geschmolzen und gut verteilt ist.
5. Füge den Vanilleextrakt hinzu und rühre erneut um. Lass die Mischung auf Raumtemperatur abkühlen.
6. Decke den Topf ab und stelle die Mischung für mindestens 2 Stunden in den Kühlschrank, bis sie vollständig abgekühlt ist.
7. Verarbeite die gekühlte Mischung in deiner Eismaschine nach den Angaben des Herstellers.
8. Gib die fertige Eiscreme in einen verschließbaren Behälter und friere sie mindestens 4 Stunden oder über Nacht, bis sie fest ist.

Lavendel-Eiscreme mit Honig

Zubereitungszeit: 30 Minuten
Portionen: 4

Zutaten:

- 500 ml Vollmilch, kalt
- 200 ml Schlagsahne, gekühlt
- 3 EL getrockneter Lavendel
- 4 Eigelbe von Bio-Eiern
- 125 g Zucker
- 4 EL Honig, flüssig
- Eine Prise Meersalz

Zubereitung:

1. Gib die Milch und den Lavendel in einen mittelgroßen Topf und erhitze die Mischung auf mittlerer Flamme bis kurz vor dem Siedepunkt. Ziehe den Topf dann vom Herd und lasse den Lavendel 15 Minuten lang ziehen.
2. Während der Lavendel zieht, schlage die Eigelbe und den Zucker in einer separaten, großen Schüssel schaumig.
3. Gib nach der Ziehzeit des Lavendels die Schlagsahne in den Topf und erhitze alles wieder bis kurz vor dem Siedepunkt. Siebe danach die Milch-Sahne-Mischung, um den Lavendel zu entfernen, und gieße sie langsam in die Eigelb-Zucker-Mischung, während du stetig rührst.
4. Setze den Topf zurück auf den Herd und rühre die Mischung bei niedriger Hitze, bis sie leicht eingedickt ist.
5. Nimm den Topf vom Herd und gib den Honig und das Meersalz dazu. Rühre alles gut durch, bis der Honig sich vollständig aufgelöst hat.
6. Lasse die Mischung auf Raumtemperatur abkühlen und stelle sie dann mindestens 2 Stunden lang in den Kühlschrank, bis sie vollständig gekühlt ist.
7. Verarbeite die gekühlte Mischung in deiner Eismaschine nach den Angaben des Herstellers. Serviere die Eiscreme sofort oder bewahre sie im Gefrierfach auf, um sie später zu genießen.

Earl Grey-Eiscreme

Zubereitungszeit: 45 Minuten
Portionen: 4

Zutaten:

- 500 ml Vollmilch, gekühlt
- 200 ml Sahne, gekühlt
- 4 Earl Grey-Teebeutel
- 150 g Zucker
- 4 Eigelbe von Bio-Eiern
- 1 TL Vanilleextrakt

Zubereitung:

1. Gib die Milch in einen mittelgroßen Topf und erwärme sie auf mittlerer Stufe. Sobald sie warm ist, füge die Earl Grey-Teebeutel hinzu. Lass den Tee 10 Minuten lang ziehen, dann entferne die Teebeutel.
2. Während die Milch zieht, vermische in einer separaten Schüssel das Eigelb und den Zucker. Rühre so lange, bis die Mischung hellgelb und glatt ist.
3. Sobald die Milch fertig gezogen hat, füge die Sahne und das Vanilleextrakt hinzu. Rühre die Mischung gut durch.
4. Gieße die heiße Milchmischung langsam in die Eigelb-Zucker-Mischung, dabei ständig rührend. Es ist wichtig, dass du ständig rührst, um zu verhindern, dass das Eigelb gerinnt.
5. Gib die gesamte Mischung zurück in den Topf und erwärme sie auf niedriger bis mittlerer Stufe. Rühre ständig, bis die Mischung dick genug ist, um die Rückseite eines Löffels zu überziehen. Dies sollte etwa 10 Minuten dauern.
6. Nimm den Topf vom Herd und lass die Mischung auf Raumtemperatur abkühlen. Stelle sie danach für mindestens 2 Stunden oder über Nacht in den Kühlschrank, um sie vollständig abzukühlen.
7. Wenn die Mischung vollständig abgekühlt ist, gib sie in die Eismaschine und verarbeite sie gemäß den Angaben des Herstellers.

Safran-Eiscreme

Zubereitungszeit: 40 Minuten
Portionen: 4

Zutaten:

- 500 ml Vollmilch
- 1 EL Safranfäden
- 5 Eigelbe von Bio-Eiern
- 150 g Zucker
- 200 ml Schlagsahne
- 2 TL Honig
- 1 TL Vanilleextrakt

Zubereitung:

1. Erwärme die Milch in einem mittelgroßen Topf über mittlerer Hitze, bis sie heiß ist, aber nicht kocht. Füge den Safran hinzu und lass ihn etwa 10 Minuten ziehen, bis die Milch eine schöne gelbe Farbe angenommen hat.
2. In einer separaten Schüssel verrührst du die Eigelbe mit dem Zucker, bis die Mischung hell und cremig ist.
3. Gib die warme Safranmilch langsam in die Eigelbmischung, dabei ständig rühren, um die Eier nicht zu kochen.
4. Fülle diese Mischung zurück in den Topf und koche sie bei niedriger Hitze unter ständigem Rühren, bis die Mischung dick genug ist, um die Rückseite eines Löffels zu bedecken. Dies wird deine Eisbasis.
5. Entferne den Topf vom Herd und lasse die Eisbasis etwas abkühlen. In der Zwischenzeit schlägst du die Sahne in einer separaten Schüssel, bis sie weiche Spitzen bildet.
6. Rühre den Honig und das Vanilleextrakt in die abgekühlte Eisbasis ein. Füge dann die geschlagene Sahne hinzu und rühre vorsichtig, bis alles gut vermischt ist.
7. Gib die fertige Mischung in deine Eismaschine und verarbeite sie nach den Angaben des Herstellers.

Mohn-Eiscreme mit Zitronenstückchen

Zubereitungszeit: 30 Minuten
Portionen: 4

Zutaten:

- 200 g Mohn, fein gemahlen
- 500 ml Vollmilch
- 200 ml Sahne
- 6 Eigelbe von Bio-Eiern
- 150 g Zucker
- 2 Bio-Zitronen, Schale abgerieben und Saft ausgepresst
- 1 Bio-Zitrone, geschält und in kleine Stücke geschnitten

Zubereitung:

1. Mische den gemahlenen Mohn mit der Milch und der Sahne in einem Topf. Bring die Mischung zum Kochen und lass sie dann auf niedriger Flamme für etwa 10 Minuten köcheln.
2. Währenddessen schlage die Eigelbe mit dem Zucker in einer großen Schüssel auf, bis sie eine hellgelbe Farbe annehmen.
3. Gib langsam die heiße Mohn-Milch in die Eigelbmischung und rühre ständig um, um zu verhindern, dass die Eier gerinnen.
4. Füge nun den abgeriebenen Zitronenschale und den Zitronensaft zur Mischung hinzu und verrühre alles gut.
5. Gieße die Mischung zurück in den Topf und lasse sie bei niedriger Hitze köcheln, bis sie eindickt und die Konsistenz von dicker Sahne hat. Vergiss nicht, ständig umzurühren.
6. Nachdem die Mischung die richtige Konsistenz erreicht hat, nimm den Topf vom Herd und lasse die Mischung auf Raumtemperatur abkühlen.
7. Sobald die Mischung abgekühlt ist, gieße sie in die Eismaschine und verarbeite das Eis nach den Angaben des Herstellers.
8. Kurz bevor das Eis fertig ist, gebe die Zitronenstückchen hinzu und lass die Eismaschine sie in das Eis einarbeiten.
9. Sobald das Eis fertig ist, fülle es in einen Behälter und lasse es im Gefrierschrank fest werden, bevor du es servierst.

Eiskreationen für Kinder

Schoko-Regenbogen-Eis

Zubereitungszeit: 30 Minuten
Portionen: 4

Zutaten:

- 400 ml Kokosmilch
- 100 g Zucker
- 50 g Kakaopulver
- 200 g weiße Schokolade, in kleine Stücke gehackt
- Rote, gelbe, grüne und blaue Lebensmittelfarbe, jeweils ein paar Tropfen

Zubereitung:

1. Mische zuerst die Kokosmilch, den Zucker und das Kakaopulver in einem Topf und erhitze das Ganze auf mittlerer Stufe. Rühre ständig um, bis sich der Zucker vollständig aufgelöst hat. Dann nimm den Topf vom Herd und füge die gehackte weiße Schokolade hinzu. Rühre weiter, bis die Schokolade vollständig geschmolzen und die Mischung gut verbunden ist.
2. Lass die Mischung etwa 15 Minuten abkühlen und teile sie dann gleichmäßig auf vier verschiedene Schüsseln auf.
3. Füge nun in jede Schüssel ein paar Tropfen einer der Lebensmittelfarben hinzu – rot, gelb, grün und blau. Rühre jede Schüssel gut um, bis die Farben vollständig eingearbeitet sind und du eine schöne, helle Farbe hast.
4. Jetzt kommt der spaßige Teil! Gib die erste farbige Mischung in deine Eismaschine und verarbeite sie nach den Angaben des Herstellers. Sobald das Eis die richtige Konsistenz erreicht hat, nimm es aus der Eismaschine und fülle es in einen Behälter. Wiederhole diesen Vorgang mit den anderen Farben, dabei jede Schicht vorsichtig auf die vorherige Schicht legen.
5. Decke den Behälter ab und lasse das Eis mindestens 2 Stunden oder über Nacht im Gefrierschrank fest werden. Und voilà, dein selbstgemachtes Schoko-Regenbogen-Eis ist fertig zum Genießen!

Einhorn-Eiscreme

Zubereitungszeit: 30 Minuten
Portionen: 4

Zutaten:

- 500 ml Schlagsahne
- 150 g Zucker
- 2 TL Vanilleextrakt
- Blaue und rosa Lebensmittelfarbe
- 1 EL fein geschnittene essbare Blumen (optional)
- 100 g weiße Schokolade, gehackt
- Bunte Streusel zum Garnieren

Zubereitung:

1. Gib die Schlagsahne in eine große Rührschüssel. Rühre den Zucker und das Vanilleextrakt hinein, bis die Mischung gut vermischt ist und der Zucker sich vollständig aufgelöst hat.
2. Teile die Sahne-Zucker-Mischung in zwei gleiche Teile. Füge in eine Hälfte die blaue Lebensmittelfarbe und in die andere die rosa Lebensmittelfarbe. Rühre jede Portion gut um, bis die Farben gleichmäßig verteilt sind.
3. Wenn du essbare Blumen verwendest, gib diese jetzt zur blauen Sahne-Zucker-Mischung und rühre nochmals um.
4. Gib nun abwechselnd die blaue und die rosa Sahne-Zucker-Mischung in die Eismaschine, gemäß den Anweisungen des Herstellers.
5. Während das Eis in der Eismaschine verarbeitet wird, gib die gehackte weiße Schokolade in eine hitzebeständige Schüssel und stelle diese über einen Topf mit köchelndem Wasser (Bain-Marie). Rühre die Schokolade gelegentlich um, bis sie geschmolzen ist.
6. Sobald das Eis fertig ist, gib es in eine eisgeeignete Schale. Tröpfle die geschmolzene weiße Schokolade über das Eis und streue die bunten Streusel darüber.
7. Stelle die Einhorn-Eiscreme für mindestens 4 Stunden oder über Nacht in den Gefrierschrank, damit sie fest wird.
8. Genieße deine magische Einhorn-Eiscreme!

Schoko-Bananen-Monkey-Eis

Zubereitungszeit: 30 Minuten
Portionen: 4

Zutaten:

- 3 reife Bananen, geschält und in Scheiben geschnitten
- 200 g Zartbitterschokolade, gehackt
- 200 ml Kokosmilch
- 100 g Zucker
- 1 EL Vanilleextrakt
- 50 g gehackte Nüsse, z.B. Walnüsse, geröstet
- 2 EL Honig

Zubereitung:

1. Die Bananenscheiben auf ein Backblech legen und für 2 Stunden einfrieren, bis sie fest sind.
2. In der Zwischenzeit die gehackte Schokolade in einer hitzebeständigen Schüssel über einem Topf mit siedendem Wasser schmelzen. Dabei immer wieder umrühren, bis die Schokolade vollständig geschmolzen und glatt ist. Dann zur Seite stellen und abkühlen lassen.
3. Die gefrorenen Bananen zusammen mit der Kokosmilch, dem Zucker und dem Vanilleextrakt in einen Mixer geben und zu einer glatten Masse pürieren.
4. Die Schokolade in die Bananenmischung rühren, bis sie vollständig eingearbeitet ist.
5. Gib diese Mischung in die Eismaschine und verarbeite sie gemäß den Anweisungen des Herstellers.
6. In der Zwischenzeit die Nüsse in einer trockenen Pfanne rösten, bis sie duften und leicht gebräunt sind. Dann den Honig darüberträufeln und gut umrühren, bis die Nüsse mit dem Honig überzogen sind.
7. Das fertige Eis in eine geeignete Aufbewahrungsschale geben und die honigüberzogenen Nüsse darüberstreuen. Das Eis mindestens 2 Stunden lang oder über Nacht in den Gefrierschrank stellen, bis es fest ist.

Keks-Krümel-Eis

Zubereitungszeit: 30 Minuten
Portionen: 4

Zutaten:

- 250 ml Vollmilch
- 250 ml Sahne
- 100 g Zucker
- 6 Eigelbe von Bio-Eiern
- 1 TL reiner Vanilleextrakt
- 200 g Kekskrümel, deine Lieblingskekse, zerkleinert

Zubereitung:

1. Gib die Vollmilch, Sahne und die Hälfte des Zuckers in einen mittelgroßen Topf. Erwärme diese Mischung bei mittlerer Hitze und rühre gelegentlich um, bis der Zucker vollständig aufgelöst ist.
2. In einer separaten Schüssel verquirlst du die Eigelbe mit dem restlichen Zucker, bis die Mischung hell und dickflüssig wird. Nun gibst du die warme Milch-Sahne-Mischung langsam hinzu und rührst dabei stetig um.
3. Die entstandene Mischung gibst du zurück in den Topf und erwärmst sie bei niedriger Hitze. Rühre konstant, bis die Mischung dick genug ist, um den Rücken eines Löffels zu bedecken. Gib dann den Vanilleextrakt hinzu und rühre ihn gut unter.
4. Nun füllst du die Mischung durch ein Sieb in eine saubere Schüssel und lässt sie abkühlen. Wenn sie Raumtemperatur erreicht hat, deckst du die Schüssel ab und stellst sie für mindestens 2 Stunden, besser noch über Nacht, in den Kühlschrank.
5. Jetzt kommt der Spaß mit der Eismaschine. Verarbeite die gekühlte Mischung in deiner Eismaschine nach den Angaben des Herstellers. Kurz bevor das Eis fertig ist, gibst du die Kekskrümel hinzu und lässt die Maschine sie gleichmäßig unterrühren.
6. Das fertige Keks-Krümel-Eis gibst du in einen Behälter und lässt es mindestens 4 Stunden oder über Nacht im Gefrierfach fest werden, bevor du es servierst.

Apfelsaft-Sorbet

Zubereitungszeit: 10 Minuten
Portionen: 4

Zutaten:

- 500 ml naturtrüber Apfelsaft
- Saft von 1 Bio-Zitrone
- 100 g feiner Zucker
- 1 TL Vanilleextrakt
- 4 frische Minzblätter zum Garnieren

Zubereitung:

1. In einem Topf den Apfelsaft, den Zitronensaft und den Zucker bei mittlerer Hitze erhitzen. Rühre kontinuierlich, bis der Zucker vollständig aufgelöst ist. Dann füge das Vanilleextrakt hinzu und rühre es gut durch.
2. Nimm den Topf vom Herd und lass die Mischung auf Raumtemperatur abkühlen. Decke den Topf ab und stelle ihn für mindestens 2 Stunden in den Kühlschrank, bis er vollständig gekühlt ist.
3. Sobald die Mischung abgekühlt ist, fülle sie in die Eismaschine. Verarbeite das Eis in der Eismaschine nach den Angaben des Herstellers.
4. Gib das Sorbet in einen Behälter und lasse es für mindestens 2 Stunden oder über Nacht im Gefrierfach fest werden.
5. Vor dem Servieren lass das Sorbet ein paar Minuten bei Raumtemperatur stehen. Portioniere das Apfelsaft-Sorbet in vier Schälchen und garniere jede Portion mit einem Minzblatt.

Vanilleeis mit bunten Streuseln

Zubereitungszeit: 45 Minuten
Portionen: 4

Zutaten:

- 250 ml Vollmilch
- 250 ml Sahne
- 100 g Zucker
- 2 Vanilleschoten
- 4 Eigelbe von Bio-Eiern
- 75 g bunte Streusel, zum Garnieren
- 50 g weiße Schokolade, gerieben, zum Garnieren

Zubereitung:

1. Die Vollmilch zusammen mit der Sahne in einen Topf geben und langsam erhitzen, aber nicht zum Kochen bringen.
2. Die Vanilleschoten der Länge nach aufschlitzen und das Mark mit einem Messer herauskratzen. Schote und Mark zur Milch-Sahne-Mischung hinzufügen und gut umrühren. Lass das Ganze für etwa 10 Minuten ziehen, damit die Vanillearomen vollständig freigesetzt werden.
3. In der Zwischenzeit schlägst du die Eigelb in einer großen Schüssel auf und rührst den Zucker ein, bis eine cremige Masse entsteht.
4. Entferne die Vanilleschoten aus der Milch-Sahne-Mischung und gieße diese unter ständigem Rühren langsam zur Eigelb-Zucker-Masse dazu. Dies sorgt dafür, dass das Eigelb nicht gerinnt.
5. Gib die Mischung zurück in den Topf und erhitze sie bei niedriger Temperatur, bis sie andickt und die Konsistenz von Vanillesauce erreicht hat. Rühre dabei ständig um.
6. Lasse die Mischung abkühlen und verarbeite sie dann in der Eismaschine nach den Angaben des Herstellers.
7. Wenn das Eis fertig ist, fülle es in eine geeignete Schüssel oder Behälter und gebe die bunten Streusel und die geriebene weiße Schokolade darüber.
8. Lass das Eis vor dem Servieren mindestens 2 Stunden im Gefrierfach fest werden.

Himbeer-Joghurt-Eis mit Gummibärchen

Zubereitungszeit: 20 Minuten
Portionen: 4

Zutaten:

- 500 g frische Himbeeren, gewaschen
- 500 ml Naturjoghurt, kalt
- 100 ml Honig
- 150 g Zucker
- Saft und Abrieb von 1 Bio-Zitrone
- 1 EL Vanilleextrakt
- 200 g bunte Gummibärchen

Zubereitung:

1. Nimm eine mittelgroße Schüssel und mische den Zucker und den Honig zusammen. Gib dann die Himbeeren dazu und vermische alles gut. Lass diese Mischung für etwa 10 Minuten stehen, damit die Himbeeren beginnen, ihren Saft freizusetzen.
2. Während die Himbeeren saften, gib in eine andere Schüssel den Naturjoghurt, den Vanilleextrakt sowie den Saft und Abrieb der Zitrone. Vermische alles gut miteinander.
3. Füge nun die gezuckerten Himbeeren inklusive dem freigesetzten Saft zur Joghurtmischung hinzu und rühre alles gut durch.
4. Gib die entstandene Mischung in deine Eismaschine und verarbeite das Ganze gemäß den Angaben des Herstellers.
5. Kurz bevor das Eis fertig ist, füge die Gummibärchen hinzu und lass die Eismaschine noch für ein paar Minuten laufen, um die Gummibärchen gleichmäßig zu verteilen.
6. Sobald das Eis die richtige Konsistenz erreicht hat, fülle es in einen Behälter und stelle es für mindestens 2 Stunden in den Gefrierschrank, damit es fest wird.
7. Serviere das Himbeer-Joghurt-Eis mit Gummibärchen in kleinen Schälchen und genieße den süßen, fruchtigen Genuss!

Pfannkuchen-Eiscreme

Zubereitungszeit: 30 Minuten
Portionen: 4

Zutaten:

- 2 fertige Pfannkuchen, in kleine Stücke gerissen
- 400 ml Schlagsahne
- 200 ml Vollmilch
- 4 EL Zucker
- 2 EL Ahornsirup
- 1 TL Vanilleextrakt
- 100 g Mini-Schokoladenchips

Zubereitung:

1. In einem großen Topf die Schlagsahne, Vollmilch und Zucker erhitzen. Unter ständigem Rühren zum Kochen bringen, dann vom Herd nehmen.
2. Die Pfannkuchenstücke in die heiße Mischung geben. Rühre sie um, bis sie vollständig in der Flüssigkeit eingetaucht sind.
3. Ahornsirup und Vanilleextrakt hinzufügen und gut umrühren. Lass die Mischung etwas abkühlen.
4. Sobald die Mischung abgekühlt ist, gebe sie in einen Mixer oder eine Küchenmaschine. Mixe alles, bis eine glatte Mischung entsteht.
5. Fülle die Mischung in die Eismaschine und verarbeite sie nach den Angaben des Herstellers.
6. Kurz bevor das Eis fertig ist, gib die Mini-Schokoladenchips in die Eismaschine und lass sie unter das Eis mischen.
7. Fülle das fertige Eis in einen Behälter und stelle es für mindestens 4 Stunden in den Gefrierschrank, bis es fest ist.

Marshmallow-Schoko-Eis

Zubereitungszeit: 25 Minuten
Portionen: 4

Zutaten:

- 200 ml Vollmilch, kalt
- 150 g Zartbitterschokolade, fein gehackt
- 100 g Marshmallows, in kleine Stücke geschnitten
- 300 ml Schlagsahne, kalt
- 70 g Zucker
- 1 Prise Salz
- 1 TL Vanilleextrakt

Zubereitung:

1. Gib zuerst die fein gehackte Zartbitterschokolade in eine hitzebeständige Schüssel. Setze die Schüssel über ein Wasserbad und schmelze die Schokolade langsam unter gelegentlichem Rühren. Nimm sie dann vom Herd und lass sie etwas abkühlen.
2. In der Zwischenzeit erhitze in einem kleinen Topf die Vollmilch mit dem Zucker und der Prise Salz. Rühre die Mischung so lange, bis sich der Zucker vollständig aufgelöst hat. Nimm den Topf vom Herd und lasse die Milchmischung etwas abkühlen.
3. Füge nun den Vanilleextrakt zur Milchmischung hinzu und rühre gut um.
4. Nun mische die geschmolzene Schokolade unter die Milchmischung. Rühre so lange, bis alles gut vermischt ist und eine gleichmäßige Konsistenz erreicht ist.
5. Schlage die Schlagsahne in einer separaten Schüssel, bis sie weiche Spitzen bildet. Gib die Schlagsahne vorsichtig in die Schoko-Milch-Mischung und falte sie vorsichtig ein, um eine leichte und luftige Textur zu behalten.
6. Nun gib die geschnittenen Marshmallows hinzu und rühre sie unter die Eismischung.
7. Die vorbereitete Eismischung kann jetzt in die Eismaschine gefüllt werden. Verarbeite das Eis gemäß den Angaben des Herstellers in deiner Eismaschine.
8. Sobald das Eis die gewünschte Konsistenz erreicht hat, fülle es in einen luftdichten Behälter und friere es für mindestens 2 Stunden oder über Nacht ein, um es richtig fest werden zu lassen.
9. Wenn es Zeit zum Servieren ist, nimm das Eis 5-10 Minuten vorher aus dem Gefrierschrank, damit es sich leichter portionieren lässt.

Popcorn-Eiscreme

Zubereitungszeit: 45 Minuten
Portionen: 4

Zutaten:

- 200 g süßes Popcorn, frisch gepoppt und abgekühlt
- 500 ml Vollmilch
- 250 ml Sahne
- 150 g Zucker
- 6 Eigelbe von Bio-Eiern
- 1 Prise Salz
- 2 TL Vanilleextrakt

Zubereitung:

1. Starte mit der Vorbereitung deiner Basis. In einem mittelgroßen Topf gibst du die Milch und das Popcorn hinein. Erwärme die Mischung bei mittlerer Hitze, bis sie fast kocht. Nimm den Topf vom Herd und lasse die Mischung für etwa 30 Minuten ziehen.
2. Während das Popcorn in der Milch einweicht, vermische in einer Schüssel die Eigelbe, den Zucker und das Salz. Schlag diese Mischung mit einem Schneebesen, bis sie hell und locker wird.
3. Nachdem das Popcorn genug Zeit hatte, um in der Milch zu ziehen, gibst du die Sahne hinzu und erwärmst die Mischung erneut bei mittlerer Hitze, bis sie fast kocht. Sei vorsichtig, sie darf nicht überkochen.
4. Gieße die heiße Milch-Popcorn-Mischung vorsichtig in die Eigelbmischung, während du ständig rührst. Dies hilft, die Eier langsam zu temperieren und verhindert, dass sie gerinnen.
5. Sobald die beiden Mischungen gut kombiniert sind, gibst du sie zurück in den Topf und erhitzt sie erneut bei mittlerer Hitze, dabei ständig rühren, bis die Mischung leicht eingedickt ist und den Rücken eines Löffels bedeckt.
6. Entferne die Mischung vom Herd und füge den Vanilleextrakt hinzu. Rühre gut um, um sicherzustellen, dass der Extrakt vollständig eingearbeitet ist.
7. Lasse die Mischung auf Raumtemperatur abkühlen und stelle sie dann für mindestens 4 Stunden, besser über Nacht, in den Kühlschrank.
8. Wenn die Mischung vollständig gekühlt ist, fülle sie in deine Eismaschine und verarbeite sie nach den Angaben des Herstellers.
9. Sobald die Eiscreme die gewünschte Konsistenz erreicht hat, fülle sie in einen Behälter und stelle sie in den Gefrierschrank, bis sie fest ist.

Laktosefreies Eis

Vanille-Mandel-Eis

Zubereitungszeit: 30 Minuten
Portionen: 4

Zutaten:

- 500 ml laktosefreie Vanillemilch
- 2 TL gemahlene Vanille
- 100 g Mandelblättchen, geröstet
- 4 EL Honig
- 250 ml laktosefreie Sahne
- 2 EL Maisstärke

Zubereitung:

1. Erhitze die laktosefreie Vanillemilch in einem Topf auf mittlerer Hitze. Füge die gemahlene Vanille hinzu und rühre das Ganze gut durch.
2. Während die Milch erhitzt wird, röste die Mandelblättchen in einer Pfanne ohne Öl, bis sie goldbraun sind. Achte darauf, sie ständig zu bewegen, damit sie nicht verbrennen.
3. Füge die gerösteten Mandelblättchen zur Milch hinzu und verrühre das Ganze gründlich.
4. Füge den Honig zur Mischung hinzu und rühre weiter, bis er sich vollständig aufgelöst hat.
5. Schlage in einer separaten Schüssel die laktosefreie Sahne, bis sie weiche Spitzen bildet.
6. Mische die Maisstärke mit einem kleinen Schluck kalter Vanillemilch und rühre, bis keine Klumpen mehr vorhanden sind. Füge diese Mischung dann zur erhitzten Vanillemilch hinzu.
7. Rühre die Mischung kontinuierlich, bis sie anfängt einzudicken. Das sollte etwa 10 Minuten dauern.
8. Gib die dicke Mischung in die Schüssel mit der geschlagenen Sahne und verrühre alles gründlich.
9. Lasse die Mischung abkühlen, bevor du sie in die Eismaschine gibst.
10. Verarbeite das Eis in der Eismaschine nach den Angaben des Herstellers.

Schoko-Sorbet

Zubereitungszeit: 20 Minuten
Portionen: 4

Zutaten:

- 200 g Bitterschokolade, grob gehackt
- 500 ml Wasser
- 150 g Zucker
- 60 g Kakaopulver, ungesüßt
- 1 EL Bio-Orangensaft, frisch gepresst
- 1 TL Bio-Orangenschale, fein gerieben
- 1 Prise Salz
- 2 EL Rum, optional

Zubereitung:

1. Gib das Wasser zusammen mit dem Zucker in einen Topf. Lass die Mischung auf mittlerer Hitze aufkochen, bis der Zucker vollständig gelöst ist.
2. Füge das Kakaopulver hinzu und rühre alles gut um, bis es gut eingearbeitet und glatt ist.
3. Gib die gehackte Schokolade in die heiße Mischung und rühre weiter, bis die Schokolade geschmolzen und das Ganze schön cremig ist.
4. Nimm den Topf vom Herd und gib den Orangensaft, die Orangenschale, das Salz und optional den Rum hinzu. Rühre alles gut durch.
5. Lass die Mischung etwas abkühlen. Sobald sie auf Raumtemperatur ist, gebe sie in die Eismaschine und verarbeite sie nach den Angaben des Herstellers.
6. Sobald das Eis die gewünschte Konsistenz erreicht hat, fülle es in einen geeigneten Behälter und lass es für mindestens 4 Stunden oder über Nacht fest werden.

Himbeer-Eis

Zubereitungszeit: 20 Minuten
Portionen: 4

Zutaten:

- 300 g frische Himbeeren, gewaschen
- 400 ml Kokosmilch, gut geschüttelt
- 200 g Zucker
- 1 TL Vanilleextrakt
- Saft von 1/2 Bio-Zitrone

Zubereitung:

1. Gib zuerst die Himbeeren in einen Mixer oder eine Küchenmaschine und püriere sie zu einer glatten Masse. Solltest du keine Kerne in deinem Eis wünschen, kannst du das Püree durch ein Sieb streichen, um die Kerne zu entfernen. Stell das Himbeerpüree danach zur Seite.
2. Mische in einem mittelgroßen Topf die Kokosmilch und den Zucker. Erhitze die Mischung bei mittlerer Hitze unter ständigem Rühren, bis der Zucker vollständig gelöst ist. Achte darauf, dass die Mischung nicht kocht.
3. Füge nun das Himbeerpüree, den Vanilleextrakt und den Zitronensaft zur Kokosmilch-Zucker-Mischung hinzu. Rühre alles gut durch, bis eine homogene Masse entsteht.
4. Lass die Eismischung abkühlen, bevor du sie in die Eismaschine gibst. Folge dabei den Angaben des Herstellers deiner Eismaschine.
5. Nach dem Rühren in der Eismaschine verteile das Eis auf vier Portionen und lasse es für mindestens 2 Stunden im Gefrierfach fest werden.

Pistazien-Eis

Zubereitungszeit: 30 Minuten
Portionen: 4

Zutaten:

- 200 g geschälte und ungesalzene Pistazien
- 400 ml Kokosmilch
- 100 g Zucker
- 1 TL Vanilleextrakt
- 2 EL Honig
- 1 Prise Salz
- 200 ml laktosefreie Sahne (oder laktosefreier Sahneersatz)

Zubereitung:

1. Zuerst legst du die Pistazien auf ein Backblech und röstest sie in einem vorgeheizten Backofen bei 180 Grad für etwa 10 Minuten, bis sie leicht gebräunt und duftend sind. Dann lass sie abkühlen.
2. Gib nun die abgekühlten Pistazien in einen Mixer oder eine Küchenmaschine und mahle sie zu einer feinen Paste.
3. In einem mittelgroßen Topf vermischst du die Kokosmilch und den Zucker. Erhitze die Mischung bei mittlerer Hitze, bis der Zucker vollständig aufgelöst ist. Füge dann die Pistazienpaste, das Vanilleextrakt und die Prise Salz hinzu und rühre alles gut um.
4. Gib nun die Mischung in eine Schüssel und lasse sie vollständig abkühlen. Danach rührst du die laktosefreie Sahne und den Honig unter.
5. Nun ist es Zeit, deine Eismaschine zum Einsatz zu bringen. Verarbeite die Mischung in der Eismaschine nach den Angaben des Herstellers.
6. Sobald das Eis die gewünschte Konsistenz erreicht hat, kannst du es in einen Behälter geben und für mindestens 2 Stunden ins Gefrierfach stellen, bis es fest wird.
7. Vor dem Servieren lass das Eis ein paar Minuten bei Raumtemperatur stehen, damit es leichter zu löffeln ist.

Bananen-Erdnussbutter-Eis

Zubereitungszeit: 30 Minuten
Portionen: 4

Zutaten:

- 4 reife Bananen, in Scheiben geschnitten und eingefroren
- 200 g Erdnussbutter, cremig
- 200 ml Kokosmilch, vollfett
- 80 g Agavendicksaft
- 1 TL Vanilleextrakt
- Eine Prise Salz
- 50 g dunkle Schokolade, grob gehackt

Zubereitung:

1. Gib die eingefrorenen Bananenscheiben in einen leistungsstarken Mixer oder eine Küchenmaschine.
2. Füge die Erdnussbutter, Kokosmilch, Agavendicksaft, Vanilleextrakt und eine Prise Salz hinzu.
3. Mixe alles, bis du eine glatte, cremige Masse erhältst. Es könnte ein paar Minuten dauern und du musst vielleicht zwischendurch mit einem Spatel die Mischung vom Rand nach unten schieben, um alles gleichmäßig zu verarbeiten.
4. Füge jetzt die grob gehackte Schokolade hinzu und pulsierende den Mixer kurz, um die Schokolade unterzumischen, aber nicht vollständig zu zerkleinern.
5. Fülle die Mischung in die Eismaschine und verarbeite sie nach den Angaben des Herstellers.
6. Sobald die Eismaschine mit ihrer Arbeit fertig ist, verteile das Eis in geeignete Behälter und friere es mindestens 4 Stunden oder über Nacht ein, bevor du es servierst.

Kokos-Erdbeer-Eis

Zubereitungszeit: 30 Minuten
Portionen: 4

Zutaten:

- 400 ml Kokosmilch, aus der Dose
- 200 g Erdbeeren, frisch und gewaschen
- 100 g Zucker
- 2 EL Kokosöl
- 1 TL Vanilleextrakt
- Saft von 1/2 Bio-Limette
- Eine Prise Salz
- 4 EL gehackte Kokosraspeln

Zubereitung:

1. Fülle die Kokosmilch, den Zucker, das Kokosöl, den Vanilleextrakt, den Limettensaft und die Prise Salz in einen mittelgroßen Topf. Erwärme die Mischung bei mittlerer Hitze, bis sich der Zucker vollständig aufgelöst hat. Rühre dabei ständig um.
2. Während die Kokosmilchmischung erwärmt wird, püriere die Erdbeeren in einem Mixer oder mit einem Pürierstab, bis sie vollständig püriert sind.
3. Gib das Erdbeerpüree in die erwärmte Kokosmilchmischung und rühre alles gut durch.
4. Nimm den Topf vom Herd und lasse die Mischung auf Raumtemperatur abkühlen.
5. Fülle die abgekühlte Mischung in deine Eismaschine und verarbeite das Eis nach den Angaben des Herstellers.
6. Kurz vor Ende der Gefrierzeit in der Eismaschine, gebe die gehackten Kokosraspeln hinzu und lasse sie noch ein paar Minuten mitrühren.
7. Serviere das Eis sofort für ein weicheres Dessert oder friere es für ein paar Stunden ein, wenn du ein festeres Eis bevorzugst. Genieße dein selbstgemachtes Kokos-Erdbeer-Eis!

Zitronen-Ingwer-Sorbet

Zubereitungszeit: 20 Minuten
Portionen: 4

Zutaten:

- 250 ml Wasser
- 150 g Zucker
- Saft und abgeriebene Schale von 2 großen Bio-Zitronen
- 1 TL frisch geriebener Ingwer
- 50 ml Bio-Limettensaft
- 1 EL Honig
- Eine Prise Salz

Zubereitung:

1. Gib das Wasser und den Zucker in einen Topf und bringe es bei mittlerer Hitze zum Kochen. Rühre ständig um, bis der Zucker vollständig aufgelöst ist.
2. Nimm den Topf vom Herd und gib den frisch gepressten Zitronensaft, die abgeriebene Zitronenschale und den geriebenen Ingwer hinzu. Rühre alles gut um.
3. Füge nun den Limettensaft und den Honig hinzu und rühre weiter, bis alle Zutaten gut miteinander vermischt sind. Schmecke das Ganze mit einer Prise Salz ab und lasse die Mischung auf Raumtemperatur abkühlen.
4. Fülle die abgekühlte Mischung in deine Eismaschine und verarbeite sie gemäß den Angaben des Herstellers.
5. Gib das Sorbet in einen Behälter und stelle es für mindestens 2 Stunden in den Gefrierschrank, bis es fest genug ist.

Karamell-Kaffee-Eis

Zubereitungszeit: 25 Minuten
Portionen: 4

Zutaten:

- 500 ml laktosefreie Milch
- 150 g brauner Zucker
- 2 EL Instant-Kaffeepulver
- 1 TL Vanilleextrakt
- 250 ml laktosefreie Sahne
- 3 EL Ahornsirup

Zubereitung:

1. Gib in einem mittelgroßen Topf die laktosefreie Milch, den braunen Zucker und das Instant-Kaffeepulver. Rühre alles gut um und erhöhe die Hitze langsam bis es beginnt leicht zu köcheln.
2. Lass die Mischung unter gelegentlichem Rühren für etwa 10 Minuten köcheln, bis der Zucker vollständig aufgelöst ist und das Kaffeearoma gut in die Milch eingezogen ist.
3. Nimm den Topf vom Herd und gib den Vanilleextrakt dazu. Rühre noch einmal gut um und lass die Mischung etwas abkühlen.
4. Während die Kaffeemischung abkühlt, schlage die laktosefreie Sahne mit einem Handrührgerät auf, bis sie steif ist. Gib den Ahornsirup dazu und schlage noch einmal kurz durch, um alles gut zu vermischen.
5. Sobald die Kaffeemischung abgekühlt ist, fülle sie langsam in die Sahne und rühre dabei vorsichtig um, damit sie sich gut verbindet.
6. Verarbeite die Eismischung in der Eismaschine nach den Angaben des Herstellers. Gib das fertige Eis in einen Behälter und lass es für mindestens 2 Stunden im Gefrierfach fest werden.
7. Serviere das Karamell-Kaffee-Eis in schönen Schalen und genieße diesen herrlichen Genuss!

Mandarinen-Sorbet

Zubereitungszeit: 20 Minuten
Portionen: 4

Zutaten:

- 600 g Mandarinen, geschält und kernefrei
- 150 g Zucker
- 250 ml Wasser
- Saft von einer Bio-Zitrone
- 2 EL Agavendicksaft

Zubereitung:

1. Zuerst bereitest du einen einfachen Sirup vor. Dafür gibst du den Zucker und das Wasser in einen Topf. Erwärme die Mischung auf mittlerer Stufe und rühre dabei stetig, bis der Zucker vollständig aufgelöst ist. Lass den Sirup dann 10 Minuten lang leicht köcheln.
2. Während der Sirup köchelt, gibst du die Mandarinen in einen Mixer und pürierst sie, bis eine feine Masse entsteht. Falls du die Konsistenz etwas feiner haben möchtest, kannst du das Püree durch ein Sieb streichen.
3. Sobald der Sirup fertig ist, vermischst du diesen mit dem Mandarinenpüree. Füge dann den Zitronensaft und den Agavendicksaft hinzu und rühre alles gut durch.
4. Lass die Mischung abkühlen, bevor du sie in deine Eismaschine gibst. Verarbeite das Sorbet dann gemäß den Angaben des Herstellers deiner Eismaschine.
5. Sobald das Sorbet die gewünschte Konsistenz erreicht hat, füllst du es in einen Behälter und lässt es mindestens 2 Stunden im Gefrierfach aushärten, bevor du es servierst.

Pflaumen-Zimt-Eis

Zubereitungszeit: 40 Minuten
Portionen: 4

Zutaten:

- 600 g reife Pflaumen, entsteint und geviertelt
- 200 ml Ahornsirup
- 2 TL gemahlener Zimt
- Saft von 1 frischen Bio-Zitrone
- 400 ml Kokosmilch (Dose), gut geschüttelt
- 1 TL Vanilleextrakt

Zubereitung:

1. Lege die vorbereiteten Pflaumen auf ein Backblech und beträufle sie mit dem Ahornsirup. Stelle das Backblech in den auf 180 Grad vorgeheizten Backofen und lasse die Pflaumen 20 Minuten lang karamellisieren. Sie sollten weich und süß sein. Lass sie etwas abkühlen.
2. Gib die Pflaumen, zusammen mit dem ausgetretenen Saft, in einen Mixer. Füge den Zitronensaft hinzu und püriere alles zu einer glatten Masse.
3. In einer Schüssel vermische die Kokosmilch mit dem Zimt und dem Vanilleextrakt. Gib das Pflaumenpüree hinzu und rühre alles gut durch.
4. Fülle die Mischung in die Eismaschine und verarbeite sie nach den Angaben des Herstellers. Danach das Eis in einen Behälter geben und mindestens 2 Stunden oder über Nacht einfrieren, bis es fest ist.
5. Vor dem Servieren das Eis etwa 10 Minuten bei Raumtemperatur stehen lassen, damit es sich leichter portionieren lässt. Genieße dieses einzigartige und köstliche Pflaumen-Zimt-Eis!

Eis mit Superfoods

Acai-Eiscreme

Zubereitungszeit: 20 Minuten
Portionen: 4

Zutaten:

- 2 EL Acai-Pulver, in einem Teesieb aufgelöst
- 400 ml Kokosmilch, gut geschüttelt
- 200 g frische Blaubeeren, gewaschen
- 100 g Zucker
- 1 TL Vanilleextrakt
- 50 g dunkle Schokolade, grob gehackt
- 1 EL Chiasamen (optional)

Zubereitung:

1. Vermische in einer mittelgroßen Schüssel das Acai-Pulver mit der Kokosmilch. Rühre es gut durch, bis sich das Pulver vollständig aufgelöst hat.
2. Füge die Blaubeeren, den Zucker und den Vanilleextrakt zur Mischung hinzu. Verwende einen Stabmixer, um alle Zutaten zu einer glatten Masse zu pürieren.
3. Gib die grob gehackte Schokolade und die Chiasamen (wenn du sie verwenden möchtest) in die Mischung und rühre sie vorsichtig unter.
4. Fülle die Eiscreme-Mischung in deine Eismaschine und verarbeite sie nach den Angaben des Herstellers.
5. Serviere das Eis sofort oder bewahre es für später im Gefrierschrank auf. Lass es vor dem Servieren etwa 10 Minuten bei Raumtemperatur weich werden.

Matcha-Eis mit Chia-Samen

Zubereitungszeit: 20 Minuten
Portionen: 4

Zutaten:

- 500 ml Vollmilch
- 2 EL Chia-Samen
- 2 EL Matcha-Pulver
- 100 g Zucker
- 250 ml Sahne
- 4 Eigelbe von Bio-Eiern

Zubereitung:

1. Als erstes gieße die Chia-Samen in eine kleine Schüssel und bedecke sie mit 100 ml der Vollmilch. Lasse diese Mischung etwa 15 Minuten lang quellen.
2. In der Zwischenzeit mische das Matcha-Pulver in einer weiteren Schüssel mit ein wenig warmem Wasser, bis es eine klumpenfreie Paste ergibt.
3. In einem Topf, bringe die restliche Milch (400 ml) mit der Sahne und dem Zucker zum Köcheln. Rühre dabei gelegentlich um, um sicherzustellen, dass sich der Zucker vollständig auflöst.
4. Während die Milch-Sahne-Mischung erhitzt wird, schlage die Eigelb in einer separaten Schüssel auf.
5. Sobald die Milch-Sahne-Mischung heiß ist, nimm den Topf vom Herd und gieße langsam etwas von der Mischung in die Schüssel mit den Eigelb. Rühre dabei ständig, um die Eigelb zu temperieren.
6. Gib die Eigelb-Milch-Sahne-Mischung zurück in den Topf und stelle diesen bei niedriger Hitze auf den Herd. Koche die Mischung unter ständigem Rühren, bis sie andickt und die Rückseite eines Löffels bedeckt.
7. Nun füge die Matcha-Paste und die eingeweichten Chia-Samen in den Topf hinzu und verrühre alles gründlich, bis eine homogene Mischung entsteht.
8. Nimm die Mischung vom Herd und lasse sie etwas abkühlen. Danach gieße sie in die Eismaschine und verarbeite das Eis nach den Angaben des Herstellers.

Goji-Beeren-Eiscreme

Zubereitungszeit: 25 Minuten
Portionen: 4

Zutaten:

- 500 ml Kokosmilch
- 100 g Goji-Beeren, getrocknet
- 80 g Honig
- 1 Vanilleschote, das Mark herausgekratzt
- 1 EL Bio-Limettensaft, frisch gepresst
- 1 Prise Meersalz

Zubereitung:

1. Fülle die Goji-Beeren in eine Schüssel und übergieße sie mit kochendem Wasser. Lass sie für 15 Minuten einweichen, bis sie schön weich sind.
2. In der Zwischenzeit erhitze die Kokosmilch in einem Topf bei mittlerer Hitze. Füge den Honig und das Mark der Vanilleschote hinzu und rühre, bis sich alles gut vermischt hat.
3. Gib die eingeweichten Goji-Beeren (samt dem Einweichwasser) in einen Mixer. Gieße die warme Kokosmilch-Mischung dazu und mixe alles auf hoher Stufe, bis du eine glatte Creme erhältst.
4. Gib nun den frisch gepressten Limettensaft und eine Prise Meersalz hinzu und mixe nochmals kurz durch.
5. Lass die Mischung abkühlen, bevor du sie in die Eismaschine gibst. Folge dann den Anweisungen deines Eismaschinenherstellers, um das Eis herzustellen.
6. Genieße deine Goji-Beeren-Eiscreme sofort oder lagere sie im Gefrierfach für später.

Quinoa-Eiscreme mit Mandelmilch

Zubereitungszeit: 45 Minuten
Portionen: 4

Zutaten:

- 200 g Quinoa, bereits gekocht und abgekühlt
- 800 ml Mandelmilch, ungezuckert
- 100 g Honig
- 2 EL Vanilleextrakt
- 200 ml Kokosmilch, vollfett
- 1 Prise Salz
- 4 EL Chiasamen

Zubereitung:

1. In einem mittelgroßen Topf gib die Mandelmilch, Honig und Vanilleextrakt. Erwärme das Ganze auf mittlerer Stufe, bis der Honig sich aufgelöst hat. Rühre gelegentlich um.
2. Füge die gekochte Quinoa und eine Prise Salz hinzu. Reduziere die Hitze und lass es 15 Minuten köcheln, bis die Quinoa die Flüssigkeit aufgenommen hat und eine cremige Konsistenz erreicht ist.
3. Schalte den Herd aus und lasse die Quinoa-Mischung etwas abkühlen.
4. Sobald die Mischung abgekühlt ist, füge die Kokosmilch hinzu und rühre gut um.
5. Gib die Mischung in einen Mixer und mixe alles, bis es gut vermengt und glatt ist.
6. Nachdem du die Mischung glatt gemixt hast, füge die Chiasamen hinzu und rühre sie gut unter.
7. Lass die Mischung für etwa 20 Minuten stehen, damit die Chiasamen quellen können. Rühre gelegentlich um, damit keine Klümpchen entstehen.
8. Nach der Ruhezeit fülle die Mischung in die Eismaschine und verarbeite das Eis nach den Angaben des Herstellers.
9. Genieße das Quinoa-Eis mit Mandelmilch direkt aus der Eismaschine für ein weiches Eis, oder gib es für ein paar Stunden in den Gefrierschrank für ein festes Eis.

Spirulina-Bananen-Eis

Zubereitungszeit: 20 Minuten
Portionen: 4

Zutaten:

- 4 reife Bananen, in Scheiben geschnitten und gefroren
- 30 g Spirulina-Pulver
- 125 ml Kokosmilch, gekühlt
- 2 EL Agavendicksaft
- 1 TL Vanilleextrakt
- Eine Prise Salz
- 50 g gehackte dunkle Schokolade (über 70% Kakao)

Zubereitung:

1. Nimm deine gefrorenen Bananenscheiben und gib sie in einen leistungsstarken Mixer oder eine Küchenmaschine.
2. Füge die Kokosmilch, den Agavendicksaft und den Vanilleextrakt hinzu. Verarbeite alles, bis eine cremige Masse entsteht.
3. Jetzt ist der Zeitpunkt, die Spirulina hinzuzufügen. Gib das Spirulina-Pulver und die Prise Salz hinzu. Mixe alles noch einmal gut durch.
4. Die gehackte Schokolade kommt als letztes dazu. Du kannst sie entweder direkt in den Mixer geben und kurz unterrühren, oder du rührst sie später mit einem Löffel unter die Eismasse.
5. Die fertige Eismischung füllst du in die vorbereitete Eismaschine. Verarbeite das Eis gemäß den Anweisungen des Herstellers deiner Eismaschine.
6. Sobald das Eis die gewünschte Konsistenz erreicht hat, kannst du es servieren. Falls du es fester magst, kannst du es auch noch für 1-2 Stunden in das Gefrierfach stellen.

Kokos-Avocado-Eis

Zubereitungszeit: 20 Minuten
Portionen: 4

Zutaten:

- 2 reife Avocados, halbiert, entsteint und das Fruchtfleisch herausgelöst
- 1 Dose (400 ml) Kokosmilch, vollfett
- 120 g Honig
- Saft und Abrieb von 1 Bio-Limette
- 1 EL Vanilleextrakt
- Eine Prise Salz
- 50 g Kokosraspeln, leicht geröstet für die Garnierung

Zubereitung:

1. Nimm die Avocados und schneide sie in der Mitte durch. Entferne den Stein und löse das Fruchtfleisch mit einem Löffel heraus.
2. Gib das Avocado-Fruchtfleisch, die Kokosmilch, den Honig, den Limettensaft und -abrieb, den Vanilleextrakt und eine Prise Salz in einen Mixer. Mixe alles, bis es eine glatte, cremige Masse ergibt.
3. Wenn deine Mischung schön glatt ist, fülle sie in deine Eismaschine. Verarbeite das Eis gemäß den Angaben des Herstellers deiner Eismaschine.
4. Während das Eis in der Eismaschine verarbeitet wird, röste die Kokosraspeln in einer trockenen Pfanne bei mittlerer Hitze, bis sie goldbraun sind. Achte darauf, dass sie nicht verbrennen.
5. Wenn das Eis die gewünschte Konsistenz erreicht hat, kannst du es servieren. Gib das Eis in Schälchen und bestreue es mit den gerösteten Kokosraspeln.

Blaubeer-Chia-Eiscreme

Zubereitungszeit: 30 Minuten
Portionen: 4

Zutaten:

- 400 g frische Blaubeeren, gewaschen
- 2 EL Chia-Samen
- 600 ml Mandelmilch
- 4 EL Ahornsirup
- 1 TL Vanilleextrakt
- 1 Prise Salz
- 150 ml Kokosnusscreme

Zubereitung:

1. Beginne mit den Blaubeeren. Gib diese in einen Mixer und püriere sie zu einer glatten Masse.
2. Füge nun die Chia-Samen, Mandelmilch, Ahornsirup, Vanilleextrakt und eine Prise Salz in den Mixer hinzu. Mixe alles nochmal gut durch, bis du eine gleichmäßige Mischung erhältst.
3. Lass diese Mischung für etwa 15 Minuten stehen, damit die Chia-Samen aufquellen können. Rühre sie ab und zu um.
4. In der Zwischenzeit schlage die Kokosnusscreme in einer separaten Schüssel auf, bis sie weiche Spitzen bildet.
5. Nach der Wartezeit gib die aufgeschlagene Kokosnusscreme in den Mixer zu der Blaubeer-Mischung und vermenge alles gründlich.
6. Die so entstandene Eismischung ist nun bereit für die Eismaschine. Verarbeite sie gemäß den Angaben des Herstellers in deiner Eismaschine.
7. Sobald die Eismischung die gewünschte Konsistenz erreicht hat, fülle sie in einen Behälter und stelle sie zum Endgefrieren in den Gefrierschrank. Nach einigen Stunden ist dein selbstgemachtes Blaubeer-Chia-Eis bereit zum Genießen!

Matcha-Eis mit Granatapfel

Zubereitungszeit: 30 Minuten
Portionen: 4

Zutaten:

- 400 ml Kokosmilch, Vollfett
- 2 EL Matcha-Pulver, fein gemahlen
- 75 g Zucker
- 1 TL Vanilleextrakt
- 200 ml Granatapfelsaft, frisch gepresst
- 4 EL Honig
- 1 Granatapfel, Kerne entnommen und zum Garnieren aufbewahrt

Zubereitung:

1. Gib die Kokosmilch, das Matcha-Pulver, den Zucker und den Vanilleextrakt in einen Topf. Erhitze das Ganze bei mittlerer Hitze unter ständigem Rühren, bis der Zucker sich vollständig aufgelöst hat. Achte darauf, dass die Mischung nicht kocht!
2. Nimm den Topf vom Herd und lasse die Mischung abkühlen. Während die Mischung abkühlt, presse den Saft aus einem Granatapfel und mische ihn mit dem Honig in einer kleinen Schüssel.
3. Sobald die Matcha-Mischung abgekühlt ist, füge den Granatapfelsaft hinzu und rühre gründlich um.
4. Gieße die fertige Mischung in die Eismaschine und verarbeite sie nach den Angaben des Herstellers.
5. Wenn das Eis die richtige Konsistenz erreicht hat, fülle es in einen gefrierfesten Behälter und lasse es für mindestens 4 Stunden oder über Nacht im Gefrierschrank fest werden.
6. Vor dem Servieren lasse das Eis einige Minuten bei Raumtemperatur weich werden. Verteile es in Schalen oder Gläser und garniere mit den frischen Granatapfelkernen.

Moringa-Kokos-Eiscreme

Zubereitungszeit: 20 Minuten
Portionen: 4

Zutaten:

- 400 ml Kokosmilch, gut gekühlt
- 2 EL Moringa-Pulver
- 100 g Zucker
- 1 TL Vanilleextrakt
- 200 ml Kokoscreme, gut gekühlt
- 4 EL Kokosraspeln, zum Garnieren
- Frische Minzblätter, zum Garnieren

Zubereitung:

1. Nimm eine mittelgroße Schüssel und gib Zucker, Vanilleextrakt und Moringa-Pulver hinein.
2. Mische diese trockenen Zutaten gut durch, sodass sie sich vollständig miteinander verbinden.
3. Füge nun die gut gekühlte Kokosmilch hinzu. Rühre alles gut um, bis der Zucker sich vollständig aufgelöst hat.
4. Jetzt ist es Zeit, die Kokoscreme hinzuzufügen. Gib diese zur Mischung und rühre erneut gut um, bis alles schön homogen ist.
5. Die vorbereitete Mischung kannst du nun in deine Eismaschine geben. Verarbeite das Eis in der Eismaschine nach den Angaben des Herstellers.
6. Während das Eis in der Maschine verarbeitet wird, kannst du die Kokosraspeln in einer Pfanne ohne Öl leicht anrösten, bis sie goldbraun sind. Lass sie danach abkühlen.
7. Sobald das Eis die richtige Konsistenz erreicht hat, kannst du es in geeignete Behältnisse füllen und für mindestens 4 Stunden oder über Nacht in den Gefrierschrank stellen, damit es fest wird.
8. Serviere die Moringa-Kokos-Eiscreme mit den gerösteten Kokosraspeln und frischen Minzblättern. Genieße dein selbstgemachtes Superfood-Eis!

Kürbiskern-Eiscreme

Zubereitungszeit: 30 Minuten
Portionen: 4

Zutaten:

- 200 g rohe Kürbiskerne, grob gehackt
- 500 ml Milch, vollfett
- 100 g Zucker
- 4 EL Honig
- 1 Prise Salz
- 300 ml Schlagsahne
- 4 Eigelbe von Bio-Eiern

Zubereitung:

1. Röste die grob gehackten Kürbiskerne in einer Pfanne ohne Öl an, bis sie leicht gebräunt sind und ein angenehmes Aroma abgeben. Achte darauf, dass sie nicht verbrennen. Lass die Kürbiskerne danach abkühlen.
2. In einem Topf die Milch, die Hälfte des Zuckers, den Honig und die Prise Salz langsam erhitzen, bis der Zucker vollständig aufgelöst ist. Vom Herd nehmen und die gerösteten Kürbiskerne hinzufügen. Abdecken und etwa 15 Minuten ziehen lassen.
3. In der Zwischenzeit die Schlagsahne in einer Schüssel steif schlagen und zur Seite stellen.
4. Die Eigelbe mit dem restlichen Zucker in einer anderen Schüssel schaumig rühren.
5. Gib die Milch-Kürbiskern-Mischung durch ein Sieb in die Schüssel mit den Eigelben. Rühre die Mischung gut um, bis alles gut vermischt ist.
6. Gib die Eigelb-Milch-Mischung zurück in den Topf und erhitze sie auf mittlerer Stufe, rühre dabei ständig, bis die Mischung anfängt einzudicken. Es sollte nicht kochen. Nimm den Topf vom Herd.
7. Füge nun die geschlagene Sahne zur Mischung hinzu und rühre alles gut durch.
8. Lass die Eismischung vollständig abkühlen, bevor du sie in die Eismaschine gibst. Verarbeite das Eis danach in der Eismaschine nach den Angaben des Herstellers.

Eis mit Nüssen und Samen

Pistazien-Vanille-Eis

Zubereitungszeit: 30 Minuten
Portionen: 4

Zutaten:

- 250 ml Vollmilch
- 250 ml Sahne
- 120 g Zucker
- 1 Vanilleschote, das Mark ausgekratzt
- 4 Eigelbe von Bio-Eiern
- 100 g Pistazien, geschält und grob gehackt

Zubereitung:

1. Gib zuerst die Vollmilch, Sahne und das Vanillemark in einen mittelgroßen Topf. Erwärme die Mischung auf mittlerer Stufe, bis sie knapp vor dem Siedepunkt ist.
2. Währenddessen verrühre das Eigelb und den Zucker in einer separaten Schüssel bis es eine hellgelbe, cremige Konsistenz erreicht.
3. Sobald die Milch-Sahne-Mischung warm ist, gieße sie langsam in die Eigelb-Zucker-Mischung, während du weiterhin kräftig rührst. Dies ist wichtig, um sicherzustellen, dass das Eigelb nicht gerinnt.
4. Gib die neue Mischung zurück in den Topf und stelle diesen wieder auf den Herd. Rühre kontinuierlich auf niedriger Stufe, bis die Mischung dick genug ist, um die Rückseite eines Löffels zu bedecken. Dies dauert in der Regel etwa 10 Minuten.
5. Wenn die Eisbasis fertig ist, nimm sie vom Herd und lasse sie ein wenig abkühlen. Rühre dabei gelegentlich um, um die Bildung einer Haut zu verhindern.
6. Während das Eis abkühlt, röste die gehackten Pistazien in einer Pfanne ohne Öl an, bis sie anfangen zu duften. Achte darauf, sie nicht zu verbrennen!
7. Wenn das Eis auf Raumtemperatur abgekühlt ist, füge die gerösteten Pistazien hinzu und rühre gut um.
8. Gib die Eisbasis nun in deine Eismaschine und verarbeite es nach den Angaben des Herstellers.
9. Sobald das Eis die gewünschte Konsistenz erreicht hat, kannst du es in einen Behälter geben und im Gefrierschrank aufbewahren, bis du bereit bist, es zu servieren.

Mandel-Eiscreme mit dunkler Schokolade

Zubereitungszeit: 20 Minuten
Portionen: 4

Zutaten:

- 500 ml Mandelmilch
- 150 g Zucker
- 1 Prise Salz
- 150 g Mandeln, geröstet und grob gehackt
- 6 Eigelbe von Bio-Eiern
- 200 g dunkle Schokolade, gehackt

Zubereitung:

1. Die Mandelmilch, den Zucker und das Salz in einem Topf bei mittlerer Hitze erhitzen, bis der Zucker sich vollständig aufgelöst hat. Vom Herd nehmen und die gehackten Mandeln hinzufügen. Etwa 10 Minuten ziehen lassen, damit die Mandeln ihr Aroma an die Milch abgeben können.
2. Währenddessen die Eigelb in einer großen Schüssel schaumig schlagen.
3. Die Mandelmilch langsam zur Eigelbmischung geben, dabei ständig rühren. Die Mischung dann zurück in den Topf geben.
4. Den Topf zurück auf den Herd stellen und bei geringer Hitze rühren, bis die Mischung anfängt einzudicken. Dies sollte etwa 10 Minuten dauern. Dabei darauf achten, dass die Mischung nicht kocht.
5. Die gehackte dunkle Schokolade in die warme Eismischung geben und rühren, bis die Schokolade vollständig geschmolzen ist.
6. Die Eismischung durch ein Sieb in eine saubere Schüssel geben, um eventuell vorhandene Mandelstücke zu entfernen.
7. Die Eismischung abkühlen lassen und dann in der Eismaschine nach den Angaben des Herstellers verarbeiten.
8. Das fertige Eis in einen Behälter füllen und im Gefrierschrank fest werden lassen, bevor es serviert wird.

Walnuss-Eiscreme mit Honig-Swirl

Zubereitungszeit: 40 Minuten
Portionen: 4

Zutaten:

- 300 g Walnüsse, grob gehackt
- 500 ml Vollmilch
- 200 ml Schlagsahne
- 150 g Zucker
- 6 Eigelbe von Bio-Eiern
- 1 TL Vanilleextrakt
- 150 ml Honig

Zubereitung:

1. Die Walnüsse auf ein Backblech geben und im vorgeheizten Backofen bei 180 Grad für 10 Minuten rösten. Anschließend abkühlen lassen.
2. Während die Walnüsse abkühlen, bringe die Vollmilch, Schlagsahne und die Hälfte des Zuckers in einem mittelgroßen Topf zum Kochen.
3. In einer separaten Schüssel, verquirle das Eigelb mit dem restlichen Zucker, bis die Mischung heller und cremiger wird.
4. Sobald die Milchmischung kocht, reduziere die Hitze und gib etwa eine Tasse der heißen Milchmischung in die Eigelbmischung, während du ständig rührst. Dies nennt man Temperieren und es hilft, das Eigelb nicht zu kochen.
5. Gieße die Eigelbmischung langsam in den Topf mit der restlichen heißen Milch, rühre ständig um. Lass diese Mischung bei mittlerer Hitze kochen, bis sie leicht eingedickt ist und den Rücken eines Löffels bedeckt.
6. Gib nun den Vanilleextrakt in die Mischung und rühre gut um.
7. Nimm den Topf vom Herd und lass die Mischung abkühlen. Wenn sie abgekühlt ist, gib sie in den Kühlschrank und lass sie mindestens 2 Stunden, besser über Nacht, kühlen.
8. Verarbeite die gekühlte Mischung in der Eismaschine nach den Angaben des Herstellers.
9. In der Zwischenzeit erwärme den Honig in einem kleinen Topf, bis er flüssig wird.
10. Sobald das Eis fast fertig ist, gib die gerösteten Walnüsse hinzu und lass sie vollständig unterrühren.
11. Dann gib den flüssigen Honig langsam hinzu, während die Eismaschine noch läuft, um den Honig-Swirl zu erzeugen.
12. Lass das Eis in der Eismaschine fertig werden und dann mindestens 4 Stunden im Gefrierfach fest werden, bevor du es servierst.

Haselnuss-Schokoladen-Eis

Zubereitungszeit: 30 Minuten
Portionen: 4

Zutaten:

- 150 g Haselnüsse, geröstet und fein gemahlen
- 100 g Zartbitterschokolade, grob gehackt
- 500 ml Vollmilch
- 200 ml Sahne
- 150 g Zucker
- 1 Prise Salz
- 4 Eigelbe von Bio-Eiern
- 2 EL Kakaopulver, ungesüßt

Zubereitung:

1. Erwärme die Milch, Sahne, Zucker und Salz in einem mittelgroßen Topf bei mittlerer Hitze, bis der Zucker vollständig aufgelöst ist.
2. Währenddessen trenne die Eier und schlage die Eigelb in einer großen Schüssel leicht auf.
3. Sobald der Zucker aufgelöst ist, gieße langsam und unter ständigem Rühren etwa die Hälfte der warmen Milchmischung in die aufgeschlagenen Eigelb, um sie zu temperieren.
4. Gib die temperierte Eimischung zurück in den Topf mit der restlichen warmen Milchmischung und verrühre alles gut.
5. Koch die Mischung bei mittlerer Hitze weiter, bis sie leicht eingedickt ist und die Rückseite eines Löffels überzieht.
6. Sieb die Mischung in eine saubere Schüssel und rühre das Kakaopulver hinein, bis es vollständig eingearbeitet ist.
7. Gib die grob gehackte Schokolade hinzu und rühre so lange, bis sie vollständig geschmolzen und gut in die Mischung eingearbeitet ist.
8. Lass die Eismischung vollständig abkühlen, deck sie ab und stell sie mindestens 2 Stunden (oder über Nacht) in den Kühlschrank, bis sie gut durchgekühlt ist.
9. Sobald die Mischung durchgekühlt ist, rühre die fein gemahlenen Haselnüsse unter.
10. Verarbeite die Eismischung anschließend in der Eismaschine nach den Angaben des Herstellers.

Macadamia-Karamell-Eis

Zubereitungszeit: 40 Minuten
Portionen: 4

Zutaten:

- 250 ml Milch
- 250 ml Sahne
- 120 g Zucker
- 4 Eigelbe von Bio-Eiern
- 1 Vanilleschote, das Mark herausgekratzt
- 100 g Macadamia-Nüsse, grob gehackt
- **Für das Karamell:**
- 100 g Zucker
- 2 EL Wasser

Zubereitung:

1. Bereite zuerst das Karamell vor. Gib dafür den Zucker und das Wasser in eine Pfanne und erhitze es auf mittlerer Stufe, bis der Zucker vollständig geschmolzen ist und eine goldene Farbe annimmt. Achte darauf, nicht zu rühren, sondern die Pfanne gelegentlich zu schwenken.
2. Sobald das Karamell fertig ist, gib die gehackten Macadamia-Nüsse hinzu und vermische sie schnell mit dem Karamell. Breite die Mischung dann auf einem Backpapier aus und lass es abkühlen.
3. In der Zwischenzeit mische Milch, Sahne und das Vanillemark in einem Topf und bringe alles zum Kochen.
4. Während die Milch erhitzt wird, schlage die Eigelbe mit dem Zucker in einer Schüssel schaumig.
5. Sobald die Milch kocht, gebe sie langsam zur Eigelbmischung hinzu, während du ständig rührst.
6. Fülle die Mischung zurück in den Topf und erhitze sie auf niedriger Stufe, bis sie etwas eingedickt ist. Achte darauf, ständig zu rühren, damit das Ei nicht gerinnt.
7. Sobald die Eismasse die richtige Konsistenz hat, lass sie komplett abkühlen.
8. Zerbrich das abgekühlte Macadamia-Karamell in kleine Stücke.
9. Gib die abgekühlte Eismasse in die Eismaschine und verarbeite sie nach den Angaben des Herstellers. Kurz bevor das Eis fertig ist, gebe die Karamell-Macadamia-Stücke hinzu.
10. Lass das Eis in der Eismaschine fertig werden und dann im Gefrierfach vollständig durchfrieren. Genieße dein selbstgemachtes Macadamia-Karamell-Eis!

Erdnussbutter-Eis mit Schoko-Chips

Zubereitungszeit: 20 Minuten
Portionen: 4

Zutaten:

- 200 ml Schlagsahne, gut gekühlt
- 250 ml Vollmilch
- 100 g Zucker
- 200 g cremige Erdnussbutter
- 1 TL reiner Vanilleextrakt
- Eine Prise Salz
- 100 g dunkle Schoko-Chips, grob gehackt

Zubereitung:

1. Du beginnst mit der Sahne. Gib die Schlagsahne in eine mittelgroße Schüssel und schlage sie mit einem elektrischen Mixer, bis sie feste Spitzen bildet. Stelle sie zur Seite.
2. In einem kleinen Topf kombinierst du die Milch und den Zucker. Erhitze die Mischung auf mittlerer Stufe, bis der Zucker vollständig aufgelöst ist. Nimm den Topf vom Herd.
3. Jetzt wird die Erdnussbutter hinzugefügt. Gib die Erdnussbutter in den Topf und rühre, bis sie vollständig mit der Milchzuckermischung vermischt ist. Gib dann den Vanilleextrakt und eine Prise Salz hinzu und rühre, bis alles gut vermischt ist.
4. Es ist Zeit, die Schlagsahne zu integrieren. Gib die geschlagene Sahne in die Erdnussbutter-Milch-Mischung und rühre vorsichtig, bis alles gut vermischt ist. Lass die Mischung etwas abkühlen.
5. Nun kommen die Schoko-Chips ins Spiel. Gib die grob gehackten Schoko-Chips in die Mischung und rühre sie vorsichtig ein.
6. Der letzte Schritt ist das Einfrieren. Gib die Mischung in deine Eismaschine und verarbeite sie gemäß den Angaben des Herstellers.

Cashew-Eiscreme mit Kokos

Zubereitungszeit: 30 Minuten
Portionen: 4

Zutaten:

- 200 g Cashewkerne, roh und ohne Salz
- 400 ml Kokosmilch, gut geschüttelt und gekühlt
- 100 g Zucker
- 2 TL Vanilleextrakt
- 100 g Kokosraspeln, fein
- Eine Prise Salz

Zubereitung:

1. Zuerst legst du die Cashewkerne in eine Schüssel und gibst ausreichend Wasser hinein, sodass sie vollständig bedeckt sind. Lass sie 4 Stunden lang einweichen, oder noch besser über Nacht.
2. Nach dem Einweichen spülst du die Cashewkerne gründlich ab und gibst sie in einen leistungsfähigen Mixer.
3. Füge jetzt die Kokosmilch, den Zucker, den Vanilleextrakt und die Prise Salz hinzu. Mixe alles auf hoher Stufe, bis eine glatte, cremige Mischung entsteht. Dies kann einige Minuten dauern, sei also geduldig.
4. Sobald die Mischung glatt ist, röste die Kokosraspeln in einer Pfanne bei mittlerer Hitze leicht an, bis sie goldbraun sind. Sei dabei vorsichtig, denn Kokosraspeln können schnell verbrennen.
5. Die gerösteten Kokosraspeln gibst du nun in die Cashew-Kokosmilch-Mischung und mixt noch einmal kurz durch.
6. Jetzt ist es Zeit für die Eismaschine. Fülle die Mischung in die Eismaschine und verarbeite sie nach den Angaben des Herstellers.
7. Sobald die Eiscreme die gewünschte Konsistenz erreicht hat, fülle sie in einen verschließbaren Behälter und stelle sie für mindestens 4 Stunden in den Gefrierschrank, um sie fest werden zu lassen.
8. Serviere die Eiscreme direkt aus dem Gefrierschrank, da sie aufgrund der Cashews und Kokosmilch schneller schmilzt als herkömmliche Eiscreme. Genieße sie pur oder mit deinen Lieblingstoppings.

Sesam-Honig-Eiscreme

Zubereitungszeit: 30 Minuten
Portionen: 4

Zutaten:

- 100 g geschälter, weißer Sesam
- 600 ml Vollmilch
- 200 ml Sahne
- 150 g Honig
- 4 Eigelbe von Bio-Eiern
- 1 Vanilleschote, das Mark herauskratzen

Zubereitung:

1. Röste den Sesam in einer trockenen Pfanne, bis er duftet und leicht gebräunt ist. Lass ihn dann abkühlen.
2. Gib 400 ml der Vollmilch, die Sahne und den Honig in einen Topf. Erhitze das Ganze langsam, bis es kurz vor dem Siedepunkt steht.
3. Während die Milch erhitzt wird, verrühre das Eigelb mit der restlichen Vollmilch (200 ml) in einer separaten Schüssel.
4. Sobald die Milch-Sahne-Honig-Mischung erhitzt ist, nimm sie vom Herd und gieße sie langsam in die Schüssel mit der Eigelb-Milch-Mischung, dabei ständig rühren.
5. Schabe das Mark aus der Vanilleschote und rühre es unter die Mischung.
6. Fülle die Mischung zurück in den Topf und erhitze sie bei niedriger Hitze, bis die Mischung eindickt und die Konsistenz von flüssiger Sahne hat. Dabei immer rühren. Achtung: Die Mischung darf nicht kochen!
7. Nimm den Topf vom Herd und rühre den gerösteten Sesam ein. Lasse die Mischung komplett abkühlen.
8. Sobald die Mischung abgekühlt ist, verarbeite sie in der Eismaschine nach den Angaben des Herstellers.
9. Fülle das Eis in einen Behälter und lasse es im Gefrierschrank mindestens 4 Stunden oder über Nacht fest werden.

Pekannuss-Eiscreme mit Ahornsirup

Zubereitungszeit: 20 Minuten
Portionen: 4

Zutaten:

- 200 g Pekannüsse, grob gehackt
- 500 ml Vollmilch
- 250 ml Schlagsahne
- 100 ml Ahornsirup, und ein bisschen mehr zum Garnieren
- 100 g Zucker
- 1 Prise Salz
- 4 Eigelbe von Bio-Eiern

Zubereitung:

1. Gib die Pekannüsse in eine heiße, trockene Pfanne und röste sie unter ständigem Rühren an, bis sie duften. Nimm sie aus der Pfanne und setze sie beiseite zum Abkühlen.
2. Vermische die Milch, Sahne, die Hälfte des Zuckers und den Ahornsirup in einem mittelgroßen Topf. Erwärme die Mischung bei mittlerer Hitze, rühre dabei ab und zu, bis der Zucker vollständig gelöst ist.
3. Währenddessen schlage die Eigelb mit dem restlichen Zucker in einer separaten Schüssel, bis sie blass und cremig sind.
4. Gib langsam und unter ständigem Rühren die heiße Milchmischung zur Eigelbmischung hinzu.
5. Fülle die Mischung zurück in den Topf und koche sie bei niedriger Hitze, bis sie leicht eingedickt ist und die Rückseite eines Löffels bedeckt. Lass die Mischung nicht kochen, sonst gerinnt das Eigelb.
6. Nimm den Topf vom Herd und lasse die Mischung abkühlen.
7. Sobald die Mischung abgekühlt ist, gebe die gerösteten Pekannüsse dazu und rühre sie unter.
8. Fülle die Mischung in die Eismaschine und verarbeite sie nach den Angaben des Herstellers.
9. Sobald das Eis die richtige Konsistenz erreicht hat, fülle es in einen Behälter und lasse es im Gefrierfach vollständig fest werden.
10. Serviere das Eis mit einem Schuss Ahornsirup.

Sonnenblumenkern-Eiscreme mit Banane

Zubereitungszeit: 30 Minuten
Portionen: 4

Zutaten:

- 100 g Sonnenblumenkerne, geröstet
- 2 reife Bananen, geschält und in Scheiben geschnitten
- 400 ml Vollmilch
- 100 g Zucker
- 1 EL Honig
- 1 TL Vanilleextrakt
- Eine Prise Salz
- 200 ml Schlagsahne

Zubereitung:

1. Zuerst die Sonnenblumenkerne in einer Pfanne ohne Öl rösten, bis sie leicht gebräunt und duftend sind. Achte darauf, sie nicht zu verbrennen. Nach dem Rösten vom Herd nehmen und abkühlen lassen.
2. In der Zwischenzeit die Bananenscheiben in einer Schüssel mit Zucker und Honig vermengen und für etwa 15 Minuten ziehen lassen, damit sie ihren Saft freisetzen.
3. Die Milch in einem Topf auf mittlerer Hitze erwärmen, aber nicht kochen lassen. Füge die Vanille und das Salz hinzu und rühre gut um.
4. Gib die abgekühlten Sonnenblumenkerne und die Bananen-Zucker-Mischung in einen Mixer und püriere sie, bis sie glatt sind.
5. Gib die Sonnenblumen-Bananen-Mischung zur Milch im Topf und rühre gut um. Lass die Mischung auf mittlerer Hitze köcheln, bis sie etwas eingedickt ist, etwa 10 Minuten. Rühre regelmäßig um, damit nichts anbrennt.
6. Nimm den Topf vom Herd und lass die Mischung etwas abkühlen. Schlage währenddessen die Schlagsahne in einer separaten Schüssel, bis sie weiche Spitzen bildet.
7. Füge die geschlagene Sahne zur abgekühlten Sonnenblumen-Bananen-Mischung hinzu und rühre vorsichtig um, bis alles gut vermischt ist.
8. Gib die fertige Mischung in deine Eismaschine und verarbeite das Ganze nach den Angaben des Herstellers.

Eiscreme mit Kräutern

Basilikum-Limetten-Eiscreme

Zubereitungszeit: 20 Minuten
Portionen: 4

Zutaten:

- 500 ml Vollmilch
- 100 g frischer Basilikum, grob gehackt
- Abrieb und Saft von 2 Bio-Limetten
- 200 g Zucker
- 4 Eigelbe von Bio-Eiern
- 250 ml Sahne, gekühlt

Zubereitung:

1. Gib zuerst die Milch, den grob gehackten Basilikum, Limettenabrieb und -saft sowie die Hälfte des Zuckers in einen mittelgroßen Topf. Erwärme die Mischung auf mittlerer Stufe unter gelegentlichem Rühren, bis sie fast kocht.
2. Während die Milchmischung erwärmt wird, schlage die Eigelbe in einer separaten Schüssel mit dem restlichen Zucker schaumig auf.
3. Sobald die Milchmischung heiß ist, gib langsam etwa die Hälfte davon zur Eigelb-Zuckermischung hinzu, während du ständig rührst. Das sorgt dafür, dass die Eigelbe langsam erhitzt werden und nicht gerinnen.
4. Gib nun die Eigelb-Milchmischung zurück in den Topf und lass sie unter ständigem Rühren auf niedriger bis mittlerer Hitze köcheln, bis sie leicht eingedickt ist. Sie sollte die Rückseite eines Löffels überziehen können.
5. Nimm den Topf vom Herd und lass die Mischung etwas abkühlen. Sieb sie dann durch ein feines Sieb, um die Basilikumstückchen zu entfernen.
6. Rühre die gekühlte Sahne unter die leicht abgekühlte Mischung. Lass die fertige Eisbasis komplett abkühlen, bevor du sie in deine Eismaschine gibst. Verarbeite das Eis in der Eismaschine nach den Angaben des Herstellers.
7. Nachdem die Eismaschine ihre Arbeit getan hat, verteile das Eis auf vier Schälchen oder bewahre es in einem luftdichten Behälter im Gefrierfach auf, bis es die gewünschte Konsistenz erreicht hat.

Lavendel-Honig-Eis

Zubereitungszeit: 25 Minuten
Portionen: 4

Zutaten:

- 500 ml Vollmilch
- 100 g Zucker
- 5 EL getrocknete Lavendelblüten
- 2 EL Honig, z.B. Akazienhonig
- 4 Eigelbe von Bio-Eiern
- 1 Prise Salz

Zubereitung:

1. Gieße die Milch in einen Topf und erhitze sie langsam. Füge den Zucker hinzu und rühre so lange, bis er sich vollständig aufgelöst hat.
2. Füge die Lavendelblüten in die warme Milch hinzu, decke den Topf ab und lasse die Mischung etwa 10 Minuten ziehen.
3. Nach der Ziehzeit siebe die Milch ab, um die Lavendelblüten zu entfernen. Gib die Milch zurück in den Topf und stelle sie auf eine niedrige Hitze.
4. In einer Schüssel verrührst du die Eigelbe mit dem Honig und einer Prise Salz.
5. Füge langsam die warme Milch zu den Eigelben hinzu und rühre stetig, um die Eigelbe zu temperieren.
6. Gib diese Mischung zurück in den Topf und erhitze sie vorsichtig, bis die Mischung etwas eindickt. Es sollte jedoch nicht kochen!
7. Nimm den Topf vom Herd und lasse die Eismasse abkühlen.
8. Sobald die Mischung abgekühlt ist, verarbeite sie in der Eismaschine nach den Angaben des Herstellers.
9. Lass das Eis in einem geeigneten Behälter im Gefrierfach fest werden, bevor du es servierst.

Zitronen-Thymian-Sorbet

Zubereitungszeit: 25 Minuten
Portionen: 4

Zutaten:

- 400 ml Wasser
- 200 g Zucker
- 8 Zweige frischer Thymian, gewaschen
- 175 ml frisch gepresster Bio-Zitronensaft (etwa 4 Zitronen)
- Abgeriebene Schale von 2 Bio-Zitronen, gerieben
- 2 EL Wodka (optional)

Zubereitung:

1. In einem mittelgroßen Topf das Wasser und den Zucker vermischen. Erhitze diese Mischung auf mittlerer Stufe, bis der Zucker vollständig gelöst ist.
2. Den gewaschenen Thymian hinzufügen und das Ganze zum Kochen bringen. Nach dem Aufkochen reduzierst du die Hitze und lässt den Sirup etwa 10 Minuten köcheln.
3. Nach 10 Minuten vom Herd nehmen und etwa 15 Minuten abkühlen lassen, damit der Thymian seinen Geschmack abgeben kann.
4. Nach der Abkühlzeit nimmst du ein Sieb und trennst den Thymian vom Sirup. Den abgekühlten Sirup in eine Rührschüssel geben.
5. Nun gibst du den frisch gepressten Zitronensaft und die Zitronenschale zum Sirup. Wenn du möchtest, kannst du auch den Wodka hinzufügen. Alles gut miteinander vermischen.
6. Die Mischung muss nun vollständig abkühlen. Stelle sie dafür für etwa 2 Stunden in den Kühlschrank.
7. Nachdem die Mischung vollständig abgekühlt ist, gibst du sie in die Eismaschine und verarbeitest sie gemäß den Angaben des Herstellers.

Rosmarin-Orange-Eiscreme

Zubereitungszeit: 40 Minuten
Portionen: 4

Zutaten:

- 500 ml frisch gepresster Bio-Orangensaft (ungefähr 4-5 große Orangen)
- 2 EL fein gehackter frischer Rosmarin
- 200 g Zucker
- 1 TL fein geriebene Bio-Orangenschale
- 1 Prise Salz
- 300 ml Vollmilch
- 300 ml Sahne

Zubereitung:

1. Presse die Orangen aus, bis du genügend Saft hast. Hacke den Rosmarin fein und reibe etwas Orangenschale ab. Achte darauf, nicht ins Weiße der Schale zu reiben, da dies bitter schmecken kann.
2. Gib den Orangensaft, den Zucker, den Rosmarin, die Orangenschale und die Prise Salz in einen mittelgroßen Topf. Erwärme alles bei mittlerer Hitze und rühre so lange, bis sich der Zucker vollständig aufgelöst hat.
3. Reduziere die Hitze auf niedrig und lass die Mischung 15 Minuten köcheln, damit die Aromen sich schön entfalten können.
4. Nach der Kochzeit nimm den Topf vom Herd und lass die Mischung abkühlen.
5. Während die Orangen-Rosmarin-Mischung abkühlt, mische in einer separaten Schüssel die Vollmilch und die Sahne zusammen.
6. Wenn die Orangen-Rosmarin-Mischung abgekühlt ist, siebe sie durch ein feines Sieb, um den gehackten Rosmarin zu entfernen. Gib die Mischung zur Milch-Sahne-Mischung und verrühre alles gut.
7. Nun gib die Mischung in deine Eismaschine und verarbeite sie nach den Angaben des Herstellers.
8. Nach der Verarbeitung fülle das Eis in einen Behälter und lasse es im Gefrierfach fest werden.

Pfefferminz-Schoko-Eis

Zubereitungszeit: 30 Minuten
Portionen: 4

Zutaten:

- 500 ml Vollmilch
- 200 g dunkle Schokolade, gehackt
- 100 g Zucker
- 3 EL frische Pfefferminzblätter, fein gehackt
- 250 ml Sahne
- 5 Eigelbe von Bio-Eiern

Zubereitung:

1. Fülle die Vollmilch in einen mittelgroßen Topf und erhitze sie auf mittlerer Flamme.
2. Gib die gehackte Schokolade in die warme Milch und rühre, bis sie vollständig geschmolzen ist. Achte darauf, dass die Milch nicht kocht.
3. Gib nun die fein gehackten Pfefferminzblätter und den Zucker hinzu. Rühre alles gut durch, bis sich der Zucker vollständig aufgelöst hat.
4. Während die Milchmischung köchelt, schlage die Eigelbe in einer separaten Schüssel leicht auf.
5. Gib langsam und unter ständigem Rühren die warme Schokoladenmilch zu den Eigelben. Sei vorsichtig, dass die Eigelbe nicht gerinnen.
6. Fülle die Mischung zurück in den Topf und erhitze sie auf niedriger Stufe, bis sie dick genug ist, um den Rücken eines Löffels zu bedecken. Dies ist deine Eisbasis.
7. Nimm den Topf vom Herd und lasse die Mischung abkühlen. Rühre während des Abkühlens gelegentlich um.
8. Wenn die Mischung abgekühlt ist, rühre die Sahne ein.
9. Verarbeite die Mischung in deiner Eismaschine nach den Angaben des Herstellers.

Salbei-Eiscreme mit Pfirsich

Zubereitungszeit: 30 Minuten
Portionen: 4

Zutaten:

- 4 reife Pfirsiche, entkernt und gewürfelt
- 15 frische Salbeiblätter, fein gehackt
- 500 ml Vollmilch
- 200 ml Sahne
- 150 g Zucker
- 6 Eigelbe von Bio-Eiern

Zubereitung:

1. Nimm einen Topf und erhitze darin die Milch und Sahne auf mittlerer Hitze, bis sie heiß sind, aber nicht kochen.
2. Gib in einem anderen Topf die gewürfelten Pfirsiche, den Zucker und den gehackten Salbei. Lass diese Mischung auf niedriger Hitze köcheln, bis der Zucker komplett aufgelöst ist und die Pfirsiche weich sind.
3. Püriere die Pfirsichmischung mit einem Stabmixer zu einem glatten Püree und lass es abkühlen.
4. Schlage in einer großen Schüssel die Eigelb auf, bis sie hell und cremig sind.
5. Füge langsam die heiße Milch-Sahne-Mischung zu den Eigelben hinzu, dabei ständig rühren.
6. Gib das Pfirsichpüree zur Eier-Milch-Mischung und verrühre alles gut.
7. Stelle diese Mischung zurück in den Topf und erhitze sie auf niedriger Flamme, ständig rühren, bis sie dick genug ist, um den Rücken eines Löffels zu bedecken.
8. Lass die Mischung abkühlen und stelle sie dann mindestens 2 Stunden in den Kühlschrank.
9. Verarbeite die gekühlte Mischung in der Eismaschine nach den Angaben des Herstellers.
10. Fülle das Eis in einen Behälter und friere es mindestens 4 Stunden oder über Nacht ein, bevor du es servierst.

Koriander-Limetten-Sorbet

Zubereitungszeit: 30 Minuten
Portionen: 4

Zutaten:

- 300 g Zucker
- 500 ml Wasser
- 60 ml frischer Bio-Limettensaft (etwa 4 Limetten ausgepresst)
- Abgeriebene Schale von 2 Bio-Limetten
- 15 g frischer Koriander, fein gehackt
- Prise Salz
- 2 EL weißer Rum (optional)

Zubereitung:

1. In einem mittelgroßen Topf das Wasser und den Zucker bei mittlerer Hitze erhitzen. Rühre regelmäßig um, bis sich der Zucker vollständig aufgelöst hat.
2. Nimm den Topf vom Herd. Füge die abgeriebene Limettenschale und den frisch gehackten Koriander hinzu. Decke den Topf ab und lass die Mischung etwa 20 Minuten ziehen, damit die Aromen gut durchziehen.
3. Nach der Ziehzeit gebe den frisch gepressten Limettensaft und die Prise Salz hinzu. Rühre alles gut um.
4. Siebe die Mischung durch ein feinmaschiges Sieb in eine große Schüssel, um Koriander und Limettenschale zu entfernen. Drücke dabei mit einem Löffel gegen die Feststoffe, um möglichst viel Flüssigkeit herauszuholen.
5. Wenn du möchtest, gebe nun den weißen Rum hinzu. Er sorgt nicht nur für einen zusätzlichen Geschmackskick, sondern hält das Sorbet auch etwas weicher in der Konsistenz.
6. Lass die Mischung auf Raumtemperatur abkühlen, bevor du sie abdeckst und für mindestens 2 Stunden oder über Nacht in den Kühlschrank stellst. Die Mischung muss gut durchkühlen, bevor du sie in die Eismaschine gibst.
7. Verarbeite die Mischung in der Eismaschine nach den Angaben des Herstellers.
8. Fülle das fertige Sorbet in einen geeigneten Behälter und lass es noch einige Stunden im Gefrierfach fest werden, bevor du es servierst.

Basilikum-Erdbeer-Eiscreme

Zubereitungszeit: 30 Minuten
Portionen: 4

Zutaten:

- 500 g frische Erdbeeren, gewaschen und halbiert
- 200 ml frischer Bio-Orangensaft, frisch gepresst
- 30 g frisches Basilikum, fein gehackt
- 200 g Zucker
- 400 ml Sahne
- 4 Eigelbe von Bio-Eiern

Zubereitung:

1. Gib die Erdbeeren und den Orangensaft in einen Topf und lasse das Ganze etwa 10 Minuten auf mittlerer Hitze köcheln, bis die Erdbeeren weich sind.
2. Püriere die Erdbeeren mit einem Stabmixer zu einer glatten Masse und füge das gehackte Basilikum hinzu. Rühre das Basilikum gut unter und stelle die Mischung zur Seite, um sie abkühlen zu lassen.
3. Schlage in der Zwischenzeit die Eigelb mit dem Zucker in einer Schüssel schaumig.
4. Erhitze die Sahne in einem Topf, aber bringe sie nicht zum Kochen. Gieße die warme Sahne langsam in die Ei-Zucker-Mischung und rühre dabei ständig, um die Eier nicht zu gerinnen.
5. Fülle die Sahne-Ei-Mischung zurück in den Topf und lasse sie bei niedriger Hitze unter ständigem Rühren erhitzen, bis sie dickflüssig wird. Achte darauf, dass sie nicht kocht.
6. Nimm den Topf vom Herd und rühre die Erdbeer-Basilikum-Mischung unter. Lasse die Mischung vollständig abkühlen.
7. Verarbeite die Mischung in der Eismaschine nach den Angaben des Herstellers, bis eine cremige Konsistenz erreicht ist.
8. Gib die Eiscreme in einen Behälter und lasse sie im Gefrierschrank fest werden.

Dill-Zitronen-Sorbet

Zubereitungszeit: 30 Minuten
Portionen: 4

Zutaten:

- 2 große, saftige Bio-Zitronen, ausgepresst
- 200 g weißer Zucker
- 400 ml Wasser
- Eine Handvoll frischer Dill, fein gehackt
- 1 TL frisch geriebener Ingwer

Zubereitung:

1. Mische das Wasser und den Zucker in einem Topf und bringe das Ganze zum Kochen. Rühre dabei stetig um, damit sich der Zucker vollständig auflöst. Sobald der Zucker sich aufgelöst hat, reduziere die Hitze und lasse die Mischung 5 Minuten lang leicht köcheln.
2. Nimm den Topf vom Herd und füge den frisch gepressten Zitronensaft sowie den fein gehackten Dill hinzu. Rühre den frisch geriebenen Ingwer unter und lasse die Mischung abkühlen.
3. Sobald die Mischung abgekühlt ist, gieße sie durch ein feines Sieb, um den Dill und den Ingwer zu entfernen. Fülle die Flüssigkeit in die Eismaschine.
4. Verarbeite das Sorbet in der Eismaschine nach den Angaben des Herstellers.
5. Gib das fertige Sorbet in einen Behälter und stelle es für mindestens 2 Stunden oder über Nacht in den Gefrierschrank, um es vollständig fest werden zu lassen.

Minze-Mango-Eiscreme

Zubereitungszeit: 20 Minuten
Portionen: 4

Zutaten:

- 2 reife Mangos, geschält und gewürfelt
- 100 g frische Minzblätter, gewaschen und grob gehackt
- 150 g Zucker
- 1 EL Bio-Zitronensaft
- 500 ml Sahne
- 200 ml Milch
- 4 Eigelbe von Bio-Eiern

Zubereitung:

1. Gib zuerst die Mangowürfel, die gehackte Minze, den Zucker und den Zitronensaft in einen Mixer. Mixe alles gut durch, bis du eine homogene Masse erhältst.
2. In einem mittelgroßen Topf, erhitze die Sahne und die Milch bei mittlerer Hitze. Rühre die Mischung gelegentlich um, um zu verhindern, dass sie am Topfboden anbrennt.
3. Während die Milch-Sahne-Mischung erhitzt wird, schlage in einer separaten Schüssel die Eigelb leicht auf.
4. Sobald die Sahne und die Milch heiß sind, reduziere die Hitze auf niedrig und gib langsam etwa die Hälfte der Mischung zu den Eigelben hinzu. Rühre kontinuierlich, um zu verhindern, dass das Eigelb gerinnt.
5. Gib nun die Eigelb-Sahne-Mischung zurück in den Topf zur restlichen Sahne und rühre gut durch.
6. Lasse die Mischung für etwa 5 Minuten köcheln, bis sie dicklich wird. Rühre währenddessen ständig um, um Klumpenbildung zu vermeiden.
7. Nimm den Topf vom Herd und füge die Mango-Minze-Mischung hinzu. Rühre alles gut durch, bis die Mischungen gut miteinander vermischt sind.
8. Lasse die Eiscreme-Mischung komplett abkühlen.
9. Sobald die Mischung kalt ist, verarbeite sie in der Eismaschine nach den Angaben des Herstellers.
10. Sobald die Eiscreme die gewünschte Konsistenz erreicht hat, fülle sie in einen Behälter und stelle sie für mindestens 4 Stunden in den Gefrierschrank, um sie fest werden zu lassen.

Schlusswort

Liebe Leserin, lieber Leser,

jetzt sind wir am Ende angekommen. In der Welt des selbstgemachten Eises geht es nicht nur um das Endergebnis, sondern auch um den Prozess. Denke daran, dass jeder Schritt, jeder Fehler und jede Verfeinerung dich dazu bringt, dein perfektes Eis zu kreieren. Jede kleine Anpassung, ob in der Zutatenwahl, den Mengenverhältnissen oder der Technik, kann zu aufregenden neuen Ergebnissen führen.

Ich hoffe, dass du die in diesem Buch gesammelten Tipps, Techniken und Rezepte nützlich findest und sie mit Leidenschaft anwendest. Und noch mehr hoffe ich, dass du diese Freude mit anderen teilst.

Es ist wichtig zu beachten, dass das Eismachen ein ganz persönlicher Prozess ist. Nicht jedes Rezept oder jeder Tipp wird für alle gleich gut funktionieren. Höre auf deinen eigenen Geschmack und folge deiner Intuition. Das ist der wahre Schlüssel zur Meisterung der Kunst des Eismachens.

Herzliche Grüße,

Deine Sarah Müller

Brot selber backen

Vorwort

Liebe Leserin, lieber Leser,

es ist mir eine große Freude, dich auf diese faszinierende Reise durch die Welt des Brotbackens mitzunehmen. Durch meine langjährige Erfahrung und unzählige Stunden in der Küche habe ich eine Leidenschaft für die Kunst des Brotbackens entwickelt, die ich in diesem Buch mit dir teilen möchte.

In diesem Buch teile ich nicht nur Rezepte, sondern auch die grundlegenden Prinzipien und Techniken des Brotbackens. Von der Auswahl der richtigen Zutaten und der Herstellung des perfekten Teigs bis hin zur Lösung häufiger Probleme beim Backen – ich begleite dich durch alle Phasen dieses wunderbaren Handwerks.

Die Welt des Brotbackens ist tief und reich an Variationen und Möglichkeiten. Sie bietet so viele Wege, die man beschreiten kann, dass es leicht ist, sich darin zu verlieren. Aber keine Sorge, ich werde dir zur Seite stehen, um dir zu helfen, den Weg zu finden. Und ich verspreche dir, dass das Endziel – das selbst gebackene, duftende, warme Brot in deinen Händen zu halten – alle Anstrengungen wert ist.

Und das ist noch nicht alles. Im weiteren Verlauf des Buches wirst du auch eine Reihe von ausgewählten Brotrezepten finden. Diese Rezepte reichen von einfachen Alltagsbroten bis hin zu komplexeren, besonderen Broten, die du zu besonderen Anlässen oder einfach nur zum Genießen backen kannst. Sie sind das Produkt meiner langjährigen Erfahrung und meines unermüdlichen Experimentierens und ich hoffe, sie werden auch dir Freude bereiten.

Ich wünsche dir viel Freude beim Lesen, beim Experimentieren und natürlich beim Genießen deines selbstgebackenen Brotes!

Herzliche Grüße,

Deine Sarah Müller

Selbst Brot backen – die Grundlagen

Mehl

Zunächst einmal ist es wichtig zu verstehen, dass nicht jedes Mehl gleich ist. Mehl ist nicht einfach nur Mehl. Vielmehr handelt es sich bei der weißen Substanz um das Resultat eines langen Prozesses, der beginnt, wenn das Korn auf dem Feld wächst und endet, wenn es in deiner Küche zu Brot verarbeitet wird. Die Art und Weise, wie dieses Korn angebaut, geerntet, gelagert und gemahlen wird, hat einen enormen Einfluss auf die Qualität des Mehls und damit auf das Resultat deines Backwerks.

Die verschiedenen Mehltypen

Du hast sicher schon einmal im Supermarkt vor dem Mehlregal gestanden und dich gefragt, welches Mehl du nun für dein Brot nehmen sollst. Dort findest du eine Vielzahl verschiedener Mehlsorten, die alle ihre speziellen Eigenschaften haben.

Weizenmehl: Die bekannteste und am weitesten verbreitete Mehlsorte ist das Weizenmehl. Es gibt verschiedene Arten von Weizenmehl, von denen jede ihren eigenen Charakter und ihre eigene Verwendung hat. Das meiste Brot wird aus Weizenmehl hergestellt. Die Unterscheidung zwischen den verschiedenen Arten von Weizenmehl erfolgt durch die sogenannten Typenzahlen: 405, 550, 812, 1050 und 1600. Diese geben den Mineralstoffgehalt pro 100 g Mehl an. Das heißt, je höher die Zahl, desto mehr Schalenbestandteile sind noch im Mehl enthalten und desto dunkler und gehaltvoller ist das Mehl.

Roggenmehl: Roggenmehl hat einen deutlich kräftigeren und erdigeren Geschmack als Weizenmehl. Es wird oft für Brote wie das klassische deutsche Mischbrot oder Roggenbrot verwendet. Auch hier findest du Typenzahlen wie 815, 997, 1150, 1370 und 1800, die Auskunft über den Mineralstoffgehalt geben.

Dinkelmehl: Dinkel ist ein naher Verwandter des Weizens und in den letzten Jahren immer beliebter geworden. Es hat einen leicht nussigen Geschmack und ist gut verträglich. Auch hier gibt es Typenzahlen, die den Mineralstoffgehalt angeben: 630 und 1050 sind die gängigsten.

Welches Mehl für welches Brot?

Wenn du ein helles, weiches Brot backen möchtest, ist Weizenmehl Typ 405 oder 550 deine beste Wahl. Sie sind ideal für Weißbrot, Baguettes oder Toastbrot.

Möchtest du ein dunkles, kräftiges Brot backen, dann sind Roggenmehl oder Weizenmehl mit höherer Typenzahl, wie das 1050er oder 1600er, geeignet. Sie liefern dem Brot nicht nur Farbe und Geschmack, sondern auch viele wertvolle Nährstoffe.

Für ein Mischbrot, das sowohl die Weichheit von Weizen als auch den kräftigen Geschmack von Roggen kombiniert, kannst du Weizenmehl Typ 550 mit Roggenmehl Typ 1150 mischen. Die genaue Mischung hängt von deinem persönlichen Geschmack ab. Ein guter Anfang ist eine 50:50 Mischung.

Dinkelmehl kann in vielen Rezepten Weizenmehl ersetzen. Es verleiht dem Brot einen leicht nussigen Geschmack. Beachte jedoch, dass Dinkel einen höheren Glutenanteil als Weizen hat. Dies macht den Teig elastischer und oft auch leichter zu verarbeiten, jedoch kann Dinkel auch empfindlicher gegenüber übermäßiger Knetung sein. Überkneten kann dazu führen, dass der Teig seine Struktur verliert und das Brot dichter wird. Also sei beim Kneten von Dinkelteigen vorsichtig und behutsam!

Vollkornmehle

Vollkornmehle sind Mehl in ihrer ursprünglichsten Form. Bei ihnen wird das ganze Korn inklusive Keimling und Randschichten gemahlen. Das führt dazu, dass Vollkornmehle reich an Ballaststoffen, Mineralstoffen und Vitaminen sind. Sie sind die gesündeste Wahl unter den Mehlsorten. Sie verleihen dem Brot einen kräftigen Geschmack und eine dichte Textur. Vollkornmehle gibt es von fast allen Getreidearten: Weizen, Roggen, Dinkel, aber auch selteneren Sorten wie Emmer oder Einkorn.

Dinkelvollkornmehl: Dinkel ist eine alte Getreidesorte, die in den letzten Jahren wiederentdeckt wurde und aufgrund ihres nussigen Geschmacks und ihrer guten Verträglichkeit bei vielen Brotliebhabern hoch im Kurs steht. Dinkelvollkornmehl enthält den vollen Bestandteil des Dinkelkorns, inklusive Keimling und Randschichten, und ist somit reich an Ballaststoffen, Vitaminen und Mineralstoffen. Für ein Dinkelvollkornbrot kannst du das Mehl eins zu eins anstelle von Weizenmehl verwenden, musst aber eventuell die Wassermenge anpassen, da Dinkel mehr Flüssigkeit bindet als Weizen.

Roggenvollkornmehl: Roggenbrot hat einen kräftigen, säuerlichen Geschmack und bleibt lange saftig. Roggen hat allerdings weniger Gluten als Weizen, daher benötigst du für ein reines Roggenbrot eine Sauerteigführung, um genügend Triebkraft für das Brot zu erhalten. Eine Mischung aus Weizen- und Roggenmehl ist aber problemlos mit Hefe zu backen.

Spezialmehle

Es gibt auch noch eine ganze Reihe von Spezialmehlen, die für bestimmte Backwaren oder spezielle Diäten verwendet werden. Dazu gehören beispielsweise glutenfreie Mehle wie Buchweizen-, Mais- oder Reismehl, die für Menschen mit Zöliakie oder Glutenunverträglichkeit geeignet sind. Oder Pizzamehl Tipo 00, das aus einem speziellen Weizen mit besonders hohem Proteingehalt hergestellt wird und ideal für die Herstellung von Pizza ist.

Glutenfreie Alternativen

Gluten ist ein Klebereiweiß, das in vielen Getreidesorten vorkommt und für die Elastizität des Teiges und das Volumen des gebackenen Brotes verantwortlich ist. Manche Menschen vertragen Gluten jedoch nicht und müssen daher auf glutenfreie Alternativen ausweichen.

Reismehl: Reismehl wird aus gemahlenem Reis hergestellt und ist von Natur aus glutenfrei. Es hat eine feine Textur und einen milden Geschmack. Da es kein Gluten enthält, benötigst du ein Bindemittel wie z.B. Xanthan, Guarkernmehl, Flohsamenschalen oder Chiasamen, um ein gutes Backergebnis zu erzielen.

Maismehl: Mais ist eine gute glutenfreie Alternative. Polenta, ein grob gemahlenes Maismehl, kann für Brotteige verwendet werden und verleiht deinem Brot eine schöne gelbe Farbe und einen süßlichen Geschmack. Feines Maismehl oder Maismehl kann als Basis für glutenfreie Brotmischungen verwendet werden.

Buchweizenmehl: Obwohl der Name es vermuten lässt, hat Buchweizen nichts mit Weizen zu tun und ist glutenfrei. Buchweizen hat einen ausgeprägten, leicht bitteren Geschmack, der gut zu herzhaften Broten passt.

Amaranth-, Quinoa- und Hirsemehl: Auch diese Pseudogetreide und Hirse sind glutenfrei und können zum Brotbacken verwendet werden. Sie haben einen ausgeprägten Geschmack und sollten am besten mit anderen glutenfreien Mehlen gemischt werden.

Kokos- und Mandelmehl: Diese beiden Mehle werden aus gemahlenen Kokosnüssen bzw. Mandeln hergestellt und sind gluten- und getreidefrei. Sie haben einen süßen, nussigen Geschmack und sind ideal für süße Brote oder Brötchen. Da sie kein Gluten enthalten, benötigen sie ein Bindemittel für die Verwendung in Brotteigen.

Tapioka- und Kartoffelstärke: Diese beiden Stärken sind glutenfrei und eignen sich hervorragend als Zusatz zu glutenfreien Brotteigen, um ihnen Struktur und Volumen zu verleihen. Sie haben eine sehr feine Textur und einen neutralen Geschmack.

Tipp: *Die Qualität des Mehls ist entscheidend. Ein gutes Mehl ist die Grundlage für ein gutes Brot. Achte auf Bio-Qualität und kaufe, wenn möglich, Mehl aus deiner Region. Das schmeckt nicht nur besser, es hilft auch, lokale Mühlen und Landwirte zu unterstützen.*

Hefe oder Sauerteig?

Beim Thema Treibmittel im Brotbacken kommen wir unweigerlich zu der Frage: Hefe oder Sauerteig? Beide haben ihre Vorzüge und Eigenheiten, die je nach Vorliebe und Backziel unterschiedlich gut geeignet sind. Du wirst dich womöglich fragen, was der Unterschied ist und wann du welches Produkt einsetzen solltest.

Hefe

Hefe ist ein Lebewesen. Genauer gesagt, ein einzelliger Pilz. Dieser winzige Organismus hat die wunderbare Fähigkeit, Zucker zu verstoffwechseln und dabei Kohlendioxid zu produzieren. Dieses Gas sorgt dafür, dass der Teig aufgeht und das Brot seine luftige Konsistenz erhält.

Hefe gibt es in verschiedenen Formen zu kaufen: Frischhefe, Trockenhefe und Instant-Hefe. Frischhefe ist sehr aktiv, muss aber gekühlt gelagert werden und hat eine begrenzte Haltbarkeit. Trockenhefe und Instant-Hefe sind länger haltbar und werden erst durch Zugabe von Wasser aktiviert.

Hefe hat den Vorteil, dass sie sehr verlässlich ist und das Brot in relativ kurzer Zeit aufgehen lässt. In etwa einer bis zwei Stunden hat der Hefeteig sein Volumen verdoppelt und ist bereit zum Backen. Für Brote, die sehr feinporig und weich sein sollen, ist Hefe daher die erste Wahl.

Sauerteig

Sauerteig hingegen ist eine ganze Gemeinschaft von Mikroorganismen. In einem gut gepflegten Sauerteig leben verschiedene Arten von Hefen und Milchsäurebakterien. Sie ernähren sich von den im Mehl enthaltenen Zuckern und produzieren dabei Kohlendioxid, Alkohol und verschiedene Säuren.

Diese Säuren sind es, die dem Sauerteigbrot seinen charakteristischen Geschmack verleihen. Sie machen das Brot auch haltbarer und verbessern die Verdaulichkeit. Zudem sorgt der Sauerteig für eine bessere Teigstruktur und eine schöne Kruste.

Die Herstellung und Pflege eines Sauerteigs ist etwas aufwändiger als der Umgang mit Hefe. Ein Sauerteig muss über mehrere Tage hinweg „gefüttert“ werden, bevor er zum ersten Mal zum Backen verwendet werden kann. Danach braucht er regelmäßige Fütterungen, um aktiv und gesund zu bleiben. Aber der Aufwand lohnt sich! Ein gut gepflegter Sauerteig kann über Jahre, ja sogar über Generationen hinweg immer wieder verwendet werden und entwickelt mit der Zeit seinen ganz eigenen, unverwechselbaren Charakter.

Kurzer Vergleich

Wie unterscheiden sich nun Brote, die mit Hefe oder mit Sauerteig gebacken wurden? Das ist eine gute Frage, denn der Unterschied ist deutlich spürbar.

Brote, die mit Hefe gebacken wurden, haben eine weiche, elastische Krume und eine dünne Kruste. Sie sind sehr mild im Geschmack. Die Backzeit ist kurz, da die Hefe schnell arbeitet und der Teig schnell aufgeht.

Sauerteigbrote hingegen haben eine festere Krume und eine dicke, krachende Kruste. Sie sind säuerlich im Geschmack und haben ein intensiveres Aroma. Sauerteigbrote sind länger haltbar als Hefebrote. Die Backzeit ist länger, da der Sauerteig langsamer arbeitet und der Teig mehr Zeit zum Aufgehen braucht.

Ob du dich nun für Hefe oder Sauerteig entscheidest, hängt von deinem Geschmack und der zur Verfügung stehenden Zeit ab. Beide Optionen haben ihre Vorzüge und können je nach Vorliebe und Gelegenheit die bessere Wahl sein. In manchen Rezepten werden sogar Hefe und Sauerteig kombiniert, um das Beste aus beiden Welten zu vereinen.

Aber unabhängig von deiner Wahl, denk immer daran: Sowohl beim Umgang mit Hefe als auch mit Sauerteig geht es nicht nur um Chemie, sondern auch um Liebe und Geduld. Jedes Brot, das mit Hingabe und Sorgfalt gebacken wurde, wird ein Genuss sein, egal ob mit Hefe oder Sauerteig gebacken. Und wenn du erst einmal den Duft von frisch gebackenem Brot aus deinem eigenen Ofen geschnuppert hast, wirst du wahrscheinlich nie wieder zu Industriebrot zurückkehren wollen. Also wage den Schritt und probiere es aus – du wirst es nicht bereuen!

Sauerteig ansetzen

Jetzt zeige ich dir, wie du deinen eigenen Sauerteigstarter zubereiten kannst. Es ist ein einfacher Prozess, der nur Mehl und Wasser erfordert, sowie etwas Geduld und Pflege.

Für deinen Sauerteigstarter brauchst du:

- 100 g Vollkornmehl
- 100 g warmes Wasser (ungefähr 28-32°C)
- Ein Glas oder Kunststoffbehälter mit Deckel

Tag 1:
Mische in deinem Glas oder Behälter das Vollkornmehl und das warme Wasser zusammen, bis keine trockenen Stellen mehr vorhanden sind. Bedecke den Behälter locker mit dem Deckel oder einem sauberen Tuch und lasse ihn bei Raumtemperatur (optimalerweise bei 21°C) für 24 Stunden stehen.

Tag 2:
Du solltest erste Anzeichen von Aktivität bemerken, wie kleine Blasen, die sich bilden und einen frischen, leicht süßlichen Geruch. Wenn noch keine Aktivität zu sehen ist, mach dir keine Sorgen. Warte einfach einen weiteren Tag und schaue erneut nach.

Tag 3:
Nun ist es Zeit, deinen Starter zu füttern. Entferne die Hälfte des Starters (ungefähr 100 g) und entsorge ihn. Füge 50 g Vollkornmehl und 50 g warmes Wasser hinzu und rühre, bis alles gut vermischt ist. Bedecke den Behälter wieder und lasse ihn weitere 24 Stunden stehen.

Tag 4 und folgende:

Wiederhole den Prozess des Fütterns, den du am Tag 3 durchgeführt hast. Du solltest mehr Aktivität in deinem Starter bemerken, mit mehr Blasenbildung und einem stärkeren Geruch.

Ab dem 5 oder 6 Tag sollte dein Sauerteigstarter kräftig genug sein, um zum Backen verwendet zu werden. Du weißt, dass dein Starter bereit ist, wenn er sich innerhalb von 4 bis 6 Stunden nach dem Füttern verdoppelt und einen angenehm säuerlichen Geruch hat.

Die Pflege des Sauerteigstarters:
Sobald dein Starter aktiv ist, musst du ihn regelmäßig füttern. Wenn du jeden Tag backst, füttere ihn täglich. Wenn du nicht so oft backst, kannst du ihn im Kühlschrank aufbewahren und einmal pro Woche füttern.

Denke daran, dass du immer die Hälfte des Starters entfernen musst, bevor du ihn fütterst. Dies hilft, das Gleichgewicht der Hefen und Bakterien in deinem Starter zu erhalten.

Weitere hilfreiche Zutaten

Mit Mehl, Wasser und einem Triebmittel, sei es nun Hefe oder Sauerteig, hätten wir schon die Basis für ein einfaches Brot. Aber das Brotbacken bietet so viel mehr an Vielfalt und kreativen Möglichkeiten! Durch die Zugabe von weiteren Zutaten und Gewürzen kannst du deinem Brot eine ganz persönliche Note verleihen.

Salz

Beginnen möchte ich mit einem wichtigen Grundbaustein eines jeden Brotes, der leider oft unterschätzt wird: dem Salz. Salz ist für die Geschmacksentwicklung eines Brotes unerlässlich. Es hebt den Eigengeschmack der Zutaten hervor und dient als Gegenspieler zur Süße des Mehls und der Hefe oder des Sauerteigs. Zudem beeinflusst Salz die Teigstruktur, indem es die Klebereiweiße im Mehl stärkt. Dadurch wird der Teig elastischer und kann das bei der Gärung entstehende Kohlendioxid besser einschließen, was zu einem besseren Ofentrieb führt.

Fette – für Saftigkeit und Haltbarkeit

Fette haben gleich mehrere Aufgaben im Brotteig. Sie tragen zur Geschmacksentwicklung bei, sorgen für eine zarte, saftige Krume und erhöhen die Haltbarkeit des Brotes. Dabei kannst du je nach Vorliebe und Rezept verschiedene Fette einsetzen. Klassischerweise wird in Brotteigen oft Butter verwendet, aber auch pflanzliche Öle oder Schmalz können zum Einsatz kommen.

Zucker – nicht nur für süßes Brot

Obwohl man bei Brot eher an etwas Herzhaftes denkt, spielt Zucker doch eine wichtige Rolle. Er dient als Nahrung für die Hefe und fördert so die Gärung. Zudem sorgt er für eine schöne Bräunung der Kruste. Und natürlich ist Zucker unerlässlich, wenn du süßes Brot oder Gebäck backen möchtest. Aber auch in herzhaften Broten kann eine kleine Menge Zucker den Geschmack abrunden. Dabei musst du nicht immer zu weißem Haushaltszucker greifen. Honig, Agavendicksaft, Ahornsirup oder brauner Zucker können interessante Geschmacksvariationen bringen.

Gewürze – das Aroma macht den Unterschied

Sie haben das Potential, aus einem guten Brot ein außergewöhnliches Brot zu machen. Die Auswahl an möglichen Gewürzen ist fast grenzenlos und lädt zum Experimentieren ein. Einige Klassiker unter den Brotgewürzen sind:

- Kümmel: Er ist das wohl bekannteste Brotgewürz und passt besonders gut zu Roggenbroten. Kümmel unterstützt die Verdauung und kann daher helfen, dass oft als schwer bekömmlich empfundene Roggenbrot besser zu vertragen.
- Koriander: Koriander bringt eine leicht zitrusartige Frische ins Brot und harmoniert gut mit Kümmel.
- Fenchel: Fenchel hat ein süßliches, anisähnliches Aroma und kann sowohl in herzhaften als auch in süßen Broten verwendet werden.
- Anis: Anis ist besonders in süßen Broten und Gebäcken beliebt. In kleinen Mengen kann er aber auch herzhaften Broten eine interessante Note verleihen.

Denke aber daran, dass die oben genannten Gewürze nur einige Beispiele sind. Es gibt noch viele weitere Gewürze und auch Kräuter, die du in deinem Brot verwenden kannst. Rosmarin, Thymian, Basilikum, Kreuzkümmel, Chiliflocken, Muskat, Zimt, Kardamom – die Liste ließe sich noch lange fortsetzen. Probiere dich einfach aus und finde heraus, was dir am besten schmeckt.

Samen, Nüsse und Co.

Neben den Gewürzen gibt es noch eine Vielzahl anderer Zutaten, die du deinem Brot hinzufügen kannst, um es interessanter und nahrhafter zu machen. Samen und Nüsse etwa bringen nicht nur Biss in die Krume, sondern liefern auch wertvolle Fette und Proteine. Besonders beliebt sind Sonnenblumenkerne, Kürbiskerne, Leinsamen, Sesam, Mohn, Walnüsse und Haselnüsse. Du kannst die Samen und Nüsse entweder direkt in den Teig einarbeiten oder das geformte Brot vor dem Backen darin wälzen, um eine knusprige Kruste zu bekommen.

Getrocknete Früchte wie Rosinen, Cranberries, Aprikosen oder Datteln bringen eine süße Note ins Brot und passen besonders gut zu Nussbroten.

Wasser

Wasser löst die im Mehl enthaltenen Stärke und Proteine und macht sie für die Hefe verfügbar. Zudem sorgt es dafür, dass der Teig elastisch wird und sein Volumen behält. Die Temperatur des Wassers spielt eine wichtige Rolle für die Gärung: Zu kaltes Wasser bremst die Hefetätigkeit, zu warmes Wasser kann die Hefe abtöten. Ideal sind Temperaturen zwischen 20 und 30 Grad Celsius.

Je nach Quelle und Behandlung hat Wasser unterschiedliche Geschmacksprofile, die sich auf das Endprodukt auswirken können. Besonders bei Brotrezepten, die auf minimale Zutaten setzen, kann das Wasser einen spürbaren Einfluss auf den Geschmack haben.

Ein Tipp: *Wenn du dich wirklich in die Feinheiten des Brotbackens vertiefen möchtest, experimentiere einmal mit verschiedenen Wassersorten und schmecke den Unterschied!*

Die richtige Backtemperatur und -zeit

Backtemperatur

Die Backtemperatur bestimmt, wie schnell und wie gleichmäßig dein Brot backt. Es ist wichtig zu verstehen, dass verschiedene Brotsorten und Teigarten unterschiedliche Backtemperaturen benötigen.

Häufig beginnt man mit einer höheren Anfangstemperatur, um den sogenannten Ofentrieb, also das schnelle Aufgehen des Brotes zu Beginn der Backzeit, zu unterstützen. Durch die hohe Hitzezufuhr verdunstet das im Teig enthaltene Wasser schnell, der Dampf lässt das Brot aufgehen. Dann reduziert man die Temperatur, damit das Brot durchbackt, ohne zu verbrennen.

Weizenbrote: Weizenbrote und -brötchen werden oft bei hohen Temperaturen gebacken. Eine typische Anfangstemperatur kann zwischen 230 und 250 Grad

Celsius liegen. Nach etwa 10 bis 15 Minuten wird die Temperatur dann auf 200 bis 210 Grad reduziert.

Roggen- und Mischbrote: Roggenbrote und Mischbrote aus Weizen und Roggen werden oft bei etwas niedrigeren Temperaturen gebacken, da Roggen eine höhere Wasserbindungskapazität hat und daher länger braucht, um durchzubacken. Eine typische Anfangstemperatur liegt zwischen 220 und 230 Grad, die nach etwa 15 bis 20 Minuten auf 180 bis 200 Grad reduziert wird.

Vollkornbrote: Vollkornbrote haben eine hohe Wasserbindungskapazität und benötigen daher eine längere Backzeit bei niedrigerer Temperatur. Eine typische Backtemperatur für Vollkornbrote liegt zwischen 180 und 200 Grad.

Es gibt natürlich auch Ausnahmen von diesen Regeln, abhängig von der spezifischen Rezeptur und den gewünschten Ergebnissen. Es ist wichtig, dass du die Backtemperatur und -zeit immer an dein individuelles Rezept und deinen Ofen anpasst.

Backzeit

Ein kleines Weizenbrötchen könnte bereits nach 15 bis 20 Minuten fertig gebacken sein, während ein großes Roggenmischbrot oder Vollkornbrot auch mal 45 bis 60 Minuten oder länger im Ofen bleiben muss. Es ist wichtig, während der Backzeit das Brot zu beobachten und auf Anzeichen zu achten, dass es fertig ist.

Ein klassisches Zeichen dafür, dass dein Brot fertig ist, ist die Farbe der Kruste: Sie sollte ein schönes, goldenes Braun haben. Bei dunkleren Brotsorten, wie zum Beispiel Roggenbrot, ist die Farbe allerdings nicht immer ein zuverlässiger Indikator.

Ein weiteres Anzeichen ist der Klopftest: Wenn du auf die Unterseite des Brotes klopfst und es hohl klingt, ist es wahrscheinlich durchgebacken.

Erfahrene Bäcker können oft schon am Geruch erkennen, ob das Brot fertig ist oder nicht. Es gibt sogar Leute, die behaupten, man könne hören, wie das Brot „singt“, wenn es fertig ist – die Kruste knackt dann leise, während das Innere abkühlt.

Bedenke auch, dass das Brot nach dem Herausnehmen aus dem Ofen noch weiter backt, da die Resthitze noch im Brot gespeichert ist. Deshalb sollte das Brot immer auf einem Rost abkühlen, damit die Unterseite nicht durch aufsteigende Feuchtigkeit aufweicht.

Häufige Probleme beim Brotbacken

Das Brot ist zu dicht

Häufig liegt die Ursache für zu dichtes Brot darin, dass der Teig nicht genügend gegangen ist. Stelle sicher, dass du deinem Teig ausreichend Zeit gibst, um sich zu verdoppeln oder sogar zu verdreifachen, bevor du ihn in den Ofen schiebst.

Eine andere mögliche Ursache ist, dass der Teig nicht ausreichend geknetet wurde. Der Knetprozess entwickelt das Gluten im Mehl, das für die Elastizität und das Volumen des Brotes unerlässlich ist. Verwende die „Fenstertest-Technik", um zu sehen, ob dein Teig genug geknetet ist. Ziehe ein kleines Stück Teig ab und versuche, es so dünn zu strecken, dass du fast durch es hindurchsehen kannst. Wenn es reißt, bevor du das tun kannst, ist es noch nicht genug geknetet.

Das Brot ist zu trocken

Zu trockenes Brot kann durch mehrere Faktoren verursacht werden. Eine der häufigsten Ursachen ist zu viel Mehl. Obwohl die meisten Rezepte eine bestimmte Menge Mehl angeben, kann die genaue Menge, die du benötigst, variieren, abhängig von Faktoren wie der Luftfeuchtigkeit an dem Tag, an dem du backst. Füge das Mehl allmählich hinzu und achte auf die Konsistenz des Teiges. Der Teig sollte sich leicht klebrig anfühlen, aber nicht an deinen Händen kleben bleiben.

Eine andere mögliche Ursache ist ein zu langes Backen. Wenn du befürchtest, dass dein Brot zu trocken ist, versuche, die Backzeit zu verkürzen oder die Backtemperatur zu senken.

Die Kruste ist zu hart

Eine harte Kruste kann entstehen, wenn das Brot zu lange oder bei zu hoher Temperatur gebacken wird. Versuche, die Backtemperatur zu senken und/oder die Backzeit zu verkürzen.

Eine weitere Möglichkeit, eine zu harte Kruste zu vermeiden, besteht darin, eine Schale mit Wasser in den Ofen zu stellen, während das Brot backt. Das Wasser erzeugt Dampf, der hilft, die Kruste weicher zu machen.

Das Brot geht nicht auf

Wenn dein Brot nicht aufgeht, kann das mehrere Ursachen haben. Es könnte sein, dass die Hefe, die du verwendet hast, nicht mehr aktiv ist. Immer die Hefe prüfen, bevor du sie verwendest, um sicherzustellen, dass sie noch gut ist. Du kannst das tun, indem du sie in warmem Wasser mit einer Prise Zucker auflöst. Wenn die Mischung nach ein paar Minuten schaumig wird, ist die Hefe aktiv.

Es könnte auch sein, dass der Teig nicht genug Zeit zum Aufgehen hatte, oder dass die Umgebung, in der der Teig aufgehen sollte, zu kalt war. Hefe braucht Wärme, um zu arbeiten, also stelle sicher, dass dein Teig an einem warmen Ort aufgeht.

Das Brot ist innen roh

Wenn dein Brot innen noch roh ist, könnte es sein, dass es nicht lange genug gebacken wurde. Ein guter Weg, um zu testen, ob dein Brot fertig ist, besteht darin, auf den Boden des Brotes zu klopfen. Wenn es hohl klingt, ist es fertig. Wenn du dir immer noch unsicher bist, kannst du auch ein Instant-Lese-Thermometer verwenden. Das Brot ist fertig, wenn die Innentemperatur zwischen 88-96°C liegt.

Es könnte auch sein, dass der Ofen zu heiß eingestellt war, was dazu führen kann, dass das Äußere des Brotes schnell bräunt, während das Innere noch roh ist. In diesem Fall könnte es hilfreich sein, die Ofentemperatur zu senken und das Brot länger zu backen.

Das Brot hat große Lufteinschlüsse

Große Lufteinschlüsse im Brot können das Ergebnis von zwei Dingen sein. Es kann sein, dass der Teig beim Kneten nicht ausreichend entgast wurde. Vergewissere dich, dass du den Teig gründlich faltest und drückst, um überschüssige Luft zu entfernen. Es könnte auch sein, dass der Teig zu lange gegangen ist und dadurch übermäßige Gasbildung stattgefunden hat. Stelle sicher, dass du die Gehzeit des Teiges überwachst und ihn in den Ofen gibst, sobald er seine ideale Größe erreicht hat.

Das Brot hat einen bitteren Geschmack

Ein bitterer Geschmack im Brot kann auf eine Überentwicklung des Glutens durch zu langes oder intensives Kneten zurückzuführen sein. Das ist besonders bei Vollkornbroten der Fall. Die Lösung ist, den Teig weniger zu kneten. Ein weiterer Grund könnte sein, dass zu viel Hefe verwendet wurde. Reduziere die Menge an Hefe in deinem Rezept und schaue, ob das den Unterschied ausmacht.

Das Brot hat eine krümelige Textur

Eine krümelige Textur kann auf eine unzureichende Glutenentwicklung hinweisen. Gluten ist das Protein im Mehl, das dem Brot seine Struktur gibt. Es bildet ein Netzwerk, das die Gase fängt, die während der Gärung entstehen und so zum Aufgehen des Brotes beitragen. Zu wenig Glutenentwicklung kann auf zu wenig Kneten oder auf die Verwendung eines Mehls mit niedrigem Proteingehalt zurückzuführen sein.

Um dieses Problem zu beheben, stelle sicher, dass du den Teig ausreichend knetest und ein Mehl mit hohem Proteingehalt verwendest. Bei der Verwendung von Vollkornmehl kann es hilfreich sein, etwas mehr Wasser hinzuzufügen, da Vollkornmehl mehr Wasser aufnimmt.

Das Brot bleibt in der Backform kleben

Das Problem, dass Brot in der Form hängen bleibt, lässt sich auf verschiedene Weisen lösen:

- Bereite deine Backform sorgfältig vor und verwende eine Antihaft-Beschichtung, beispielsweise mit Backspray, neutralem Öl, Butter oder Backpapier.
- Lasse dein Brot nach dem Backen in der Form abkühlen, bevor du es herausnimmst, damit es sich leichter löst.
- Nutze bei Bedarf ein dünnes, flexibles Werkzeug wie einen Spatel oder ein Messer, um das Brot vorsichtig von der Form zu lösen.
- Überlege, ob das Problem bei der Form selbst liegt. Eine hochwertige Antihaft-Backform kann hier Abhilfe schaffen.
- Achte auf die richtige Konsistenz deines Teigs. Ein zu klebriger Teig bleibt eher in der Form hängen.
- Beachte die korrekte Backzeit, damit dein Brot vollständig durchgebacken und innen nicht zu feucht ist.

Ich wünsche dir nun viel Erfolg und Freude beim Backen deines eigenen Brotes!

Klassische Weizenbrote

Einfaches Weißbrot

Zubereitungszeit: 15 Minuten + 1 Stunde Ruhezeit + 30 Minuten Backzeit
Portionen: 1 Brot

Zutaten:

- 250 g Weizenmehl Type 550, zusätzlich etwas zum Bearbeiten des Teigs
- 1/2 TL Salz
- 1/2 TL Zucker
- 1 TL Trockenhefe
- 150 ml warmes Wasser
- 1 EL natives Olivenöl extra, zum Bestreichen des Teigs

Zubereitung:

1. Mische das Weizenmehl, Salz, Zucker und die Trockenhefe in einer großen Schüssel.
2. Füge langsam das warme Wasser hinzu, während du mit der anderen Hand den Teig knetest. Der Teig sollte weich sein, aber nicht klebrig.
3. Bedecke die Schüssel mit einem sauberen Tuch und lasse den Teig an einem warmen Ort für eine Stunde ruhen, bis er sich verdoppelt hat.
4. Heize den Ofen auf 220 Grad vor. Knete den Teig auf einer leicht bemehlten Arbeitsfläche erneut durch, um eventuell entstandene Luftblasen zu entfernen. Forme den Teig zu einem kleinen Brotlaib.
5. Lege den Teig auf ein Backblech und bestreiche ihn mit dem Olivenöl. Backe das Brot für etwa 30 Minuten, bis es eine goldene Farbe hat und hohl klingt, wenn man auf den Boden klopft.

Klassisches Baguette

Zubereitungszeit: 20 Minuten + 90 Minuten Ruhezeit + 25 Minuten Backzeit
Portionen: 1 Baguette

Zutaten:

- 200 g Weizenmehl Type 550
- 1/2 TL Trockenhefe
- 1/2 TL Salz
- 135 ml lauwarmes Wasser
- Ein wenig natives Olivenöl extra zum Einpinseln

Zubereitung:

1. Als erstes nimmst du eine Schüssel und gibst das Weizenmehl hinein. Hefe und Salz gibst du dazu und vermischst die trockenen Zutaten gut miteinander.
2. Füge nun das lauwarme Wasser hinzu und knete den Teig mit der Hand oder einer Teigmaschine zu einer glatten Masse. Dies sollte etwa 5 Minuten dauern.
3. Forme den Teig zu einer Kugel und lege ihn zurück in die Schüssel. Decke die Schüssel mit einem sauberen Küchentuch ab und lass den Teig an einem warmen Ort für etwa 1 Stunde und 30 Minuten gehen, bis er sich in seiner Größe verdoppelt hat.
4. Heize den Ofen auf 230 Grad vor. Nimm den aufgegangenen Teig aus der Schüssel und knete ihn auf einer leicht bemehlten Arbeitsfläche noch einmal gut durch.
5. Jetzt formst du den Teig zu einem Baguette. Dafür rollst du den Teig in eine längliche Form und faltest die Ränder zur Mitte hin ein. Dann rollst du den Teig von einer Seite aus auf und drückst die Nahtstelle gut zusammen.
6. Lege das geformte Baguette auf ein mit Backpapier ausgelegtes Backblech. Mit einem scharfen Messer machst du ein paar Einschnitte in das Baguette und pinselst es mit ein wenig Olivenöl ein.
7. Jetzt backst du das Baguette im vorgeheizten Ofen für etwa 25 Minuten, bis es goldbraun und knusprig ist. Nimm das Baguette aus dem Ofen und lass es auf einem Gitter abkühlen.

Fluffiges Mischbrot

Zubereitungszeit: 30 Minuten + 60 Minuten Ruhezeit + 35 Minuten Backzeit
Portionen: 1 Brot

Zutaten:

- 150 g Weizenmehl Type 550
- 100 g Roggenmehl Type 997
- 1 TL Salz
- 1 TL Zucker
- 1 EL natives Olivenöl extra
- 150 ml lauwarmes Wasser
- 1 TL Trockenhefe

Zubereitung:

1. Zunächst nimmst du eine mittelgroße Schüssel zur Hand und gibst das Weizen- und Roggenmehl hinein. Jetzt kommen das Salz und der Zucker hinzu.
2. In einem anderen Behältnis verrührst du das lauwarme Wasser mit der Trockenhefe. Dieser Mix muss nun etwa 10 Minuten stehen, bis die Hefe aktiv wird und beginnt zu schäumen.
3. Wenn die Hefe fertig ist, gibst du das Hefe-Wasser und das Olivenöl zu deiner Mehlmischung in die Schüssel.
4. Nun geht es ans Kneten! Verknete die Zutaten gut miteinander, bis ein glatter Teig entsteht. Sollte der Teig zu klebrig sein, kannst du noch etwas Mehl hinzufügen. Ist er zu trocken, hilft ein bisschen mehr Wasser.
5. Wenn du zufrieden bist mit deinem Teig, bedeckst du die Schüssel mit einem feuchten Tuch und lässt den Teig für etwa 60 Minuten ruhen. Der Teig sollte in dieser Zeit sein Volumen verdoppeln.
6. Heize nun den Backofen auf 220 Grad vor. Forme deinen Teig zu einem Laib und lege ihn auf ein mit Backpapier ausgelegtes Backblech.
7. Dein Brot muss nun für etwa 35 Minuten backen. Du kannst testen, ob das Brot fertig ist, indem du auf die Unterseite klopfst. Es sollte hohl klingen.
8. Lass dein Brot auf einem Gitter abkühlen, bevor du es anschneidest.

Schnelles Toastbrot

Zubereitungszeit: 15 Minuten + 45 Minuten Backzeit + 10 Minuten Ruhezeit
Portionen: 1 Brot

Zutaten:

- 375 g Weizenmehl Type 550
- 1 TL Salz
- 1 EL Zucker
- 1 TL Trockenhefe
- 1 EL natives Olivenöl extra
- 235 ml lauwarmes Wasser

Zubereitung:

1. Zuerst nimmst du eine große Schüssel und vermischst darin das Weizenmehl, das Salz und den Zucker. In der Mitte machst du eine kleine Mulde.
2. Die Trockenhefe gibst du in diese Mulde hinein. Gib dann das Olivenöl und das lauwarme Wasser hinzu.
3. Mit einer Gabel beginnst du, die Zutaten miteinander zu vermischen. Sobald sie etwas vermischt sind, benutzt du deine Hände, um einen gleichmäßigen Teig zu kneten. Dies sollte etwa 5 Minuten dauern.
4. Decke die Schüssel mit einem sauberen Geschirrtuch ab und lass den Teig an einem warmen Ort für etwa 10 Minuten ruhen.
5. Heize währenddessen den Ofen auf 200 Grad vor.
6. Nach der Ruhezeit knetest du den Teig nochmals kurz durch und formst ihn zu einem Brotlaib. Diesen legst du auf ein mit Backpapier ausgelegtes Backblech.
7. Das Brot backst du im vorgeheizten Ofen für etwa 45 Minuten. Es ist fertig, wenn es beim Klopfen auf die Unterseite hohl klingt.
8. Lass dein frisch gebackenes Toastbrot auf einem Gitter abkühlen, bevor du es in Scheiben schneidest und servierst.

Herzhaftes Krustenbrot

Zubereitungszeit: 20 Minuten + 2 Stunden Gehzeit + 45 Minuten Backzeit
Portionen: 1 Brot

Zutaten:

- 250 g Weizenmehl Type 550, zusätzlich etwas Mehl für die Arbeitsfläche
- 5 g Trockenhefe
- 1 TL Salz
- 1 TL Zucker
- 165 ml warmes Wasser
- 1 EL natives Olivenöl extra
- 1 EL Haferflocken

Zubereitung:

1. Beginne damit, das Weizenmehl in eine große Schüssel zu geben. Füge die Trockenhefe, das Salz und den Zucker hinzu und mische alles gut durch.
2. Erwärme das Wasser leicht, so dass es angenehm warm ist, aber nicht heiß. Füge das warme Wasser und das Olivenöl zu den trockenen Zutaten hinzu.
3. Knete den Teig etwa 10 Minuten lang auf einer leicht bemehlten Arbeitsfläche, bis er glatt und elastisch ist.
4. Forme den Teig zu einer Kugel und lege ihn zurück in die Schüssel. Bedecke die Schüssel mit einem feuchten Tuch und lasse den Teig etwa 2 Stunden lang an einem warmen Ort gehen, bis er sich verdoppelt hat.
5. Heize den Backofen auf 200 Grad vor. Bestreue den gegangenen Teig mit den Haferflocken und forme ihn zu einem Brotlaib. Lege den Laib auf ein Backblech.
6. Backe das Brot 45 Minuten lang im vorgeheizten Ofen, bis es eine schöne goldbraune Kruste hat und hohl klingt, wenn du auf den Boden klopfst.
7. Lasse das Brot auf einem Gitter abkühlen, bevor du es in Scheiben schneidest und genießt.

Feines Vollkornweizenbrot

Zubereitungszeit: 20 Minuten + 2 Stunden Gehzeit + 45 Minuten Backzeit
Portionen: 1 Brot

Zutaten:

- 200 g Vollkornweizenmehl
- 100 g Weizenmehl Type 550
- 1 TL Salz
- 1 TL Zucker
- 1 EL Sonnenblumenöl
- 1 Päckchen Trockenhefe (7 g)
- 250 ml warmes Wasser
- 50 g Sonnenblumenkerne, zum Bestreuen

Zubereitung:

1. Vermische zuerst die trockenen Zutaten in einer großen Schüssel: Vollkornweizenmehl, Weizenmehl, Salz und Zucker.
2. Füge dann die Trockenhefe hinzu und rühre alles gut durch.
3. Füge nun das Sonnenblumenöl und das warme Wasser hinzu. Knete alles gut durch, bis du einen geschmeidigen, aber nicht zu klebrigen Teig erhältst. Falls nötig, füge ein wenig mehr Mehl oder Wasser hinzu.
4. Bedecke die Schüssel mit einem sauberen Tuch und lasse den Teig an einem warmen Ort für etwa 2 Stunden gehen, bis er sein Volumen verdoppelt hat.
5. Heize den Backofen auf 200 Grad vor. Knete den Teig noch einmal kurz durch und forme ihn zu einer Kugel oder einem Laib. Bestreue ihn mit den Sonnenblumenkernen.
6. Backe das Brot auf der mittleren Schiene für etwa 45 Minuten, bis es schön gebräunt ist und hohl klingt, wenn du auf die Unterseite klopfst. Lasse es auf einem Rost abkühlen, bevor du es aufschneidest.

Sonntagsbrötchen

Zubereitungszeit: 20 Minuten + 1 Stunde Ruhezeit + 15 Minuten Backzeit
Portionen: 4 Brötchen

Zutaten:

- 125 g Weizenmehl Type 550
- 5 g Hefe, frisch
- 90 ml warmes Wasser
- 1 TL Salz
- 1 TL Zucker
- 1 EL natives Olivenöl extra

Zubereitung:

1. Gib das Weizenmehl in eine große Schüssel. Mache eine Mulde in der Mitte.
2. Bröckle die frische Hefe in die Mulde und gieße das warme Wasser darüber. Lass die Mischung etwa 5 Minuten stehen, bis die Hefe aufgelöst ist.
3. Gib Salz und Zucker in die Schüssel und vermische alles gründlich mit einem Holzlöffel. Gib dann das Olivenöl hinzu und knete den Teig für etwa 10 Minuten, bis er glatt und elastisch ist.
4. Decke die Schüssel mit einem sauberen Küchentuch ab und lass den Teig an einem warmen Ort etwa 1 Stunde aufgehen, bis er sich in der Größe verdoppelt hat.
5. Heize den Ofen auf 200 Grad vor. Knete den Teig erneut für 1 Minute durch und teile ihn dann in 4 gleiche Teile. Forme aus jedem Teil ein Brötchen und platziere diese auf einem mit Backpapier ausgelegten Backblech.
6. Backe die Brötchen im vorgeheizten Ofen für etwa 15 Minuten, bis sie goldbraun sind. Lass sie auf einem Gitter abkühlen, bevor du sie servierst.

Körner-Weizenbrot

Zubereitungszeit: 10 Minuten + 1 Stunde Gehzeit + 30 Minuten Backzeit
Portionen: 1 Brot

Zutaten:

- 200 g Weizenmehl Type 550
- 50 g Vollkornweizenmehl
- 1 TL Salz
- 1 TL Zucker
- 1 TL Trockenhefe
- 180 ml lauwarmes Wasser
- 50 g gemischte Körner (z.B. Sonnenblumenkerne, Sesam, Leinsamen), geteilt

Zubereitung:

1. Nimm eine große Schüssel und mische Weizenmehl, Vollkornweizenmehl, Salz und Zucker darin.
2. Füge die Trockenhefe hinzu und vermische alles gut miteinander.
3. Gib das lauwarme Wasser dazu und rühre das Ganze, bis sich alles gut verbindet und einen Teig bildet.
4. Knete den Teig in der Schüssel für etwa 5 Minuten. Der Teig sollte elastisch sein und nicht an der Schüssel kleben.
5. Gib etwa 30 g der gemischten Körner in den Teig und knete ihn noch einmal durch, bis die Körner gleichmäßig verteilt sind.
6. Decke die Schüssel mit einem sauberen Tuch ab und lasse den Teig an einem warmen Ort für etwa 1 Stunde aufgehen, bis er sich etwa verdoppelt hat.
7. Heize deinen Backofen auf 220 Grad vor. Forme den Teig zu einem kleinen Brotlaib und bestreue ihn mit den restlichen Körnern.
8. Backe das Brot auf der mittleren Schiene für etwa 30 Minuten. Das Brot ist fertig, wenn es eine schöne, goldbraune Kruste hat und beim Klopfen auf die Unterseite hohl klingt.
9. Lasse das Brot auf einem Rost vollständig auskühlen, bevor du es anschneidest.

Dinkel-Weizen-Mischbrot

Zubereitungszeit: 20 Minuten + 90 Minuten Ruhezeit + 45 Minuten Backzeit
Portionen: 1 Brot

Zutaten:

- 125 g Dinkelmehl Type 630
- 125 g Weizenmehl Type 550
- 1 TL Salz
- 1 EL Sonnenblumenöl
- 1 EL Honig
- 200 ml warmes Wasser
- 1/2 Würfel frische Hefe (21 g)

Zubereitung:

1. Löse die Hefe im warmen Wasser auf. Gib das Sonnenblumenöl und den Honig hinzu und rühre die Mischung gut um.
2. Vermische das Dinkelmehl und das Weizenmehl in einer großen Schüssel. Füge das Salz hinzu und vermische alles noch einmal.
3. Mache eine Mulde in der Mitte der Mehlmischung. Gieße die aufgelöste Hefemischung in die Mulde.
4. Verknete alles zu einem glatten Teig. Der Teig sollte nicht an der Schüssel kleben. Falls er zu trocken ist, kannst du noch ein wenig Wasser hinzufügen. Ist er zu feucht, gib mehr Mehl hinzu.
5. Decke die Schüssel mit einem sauberen Tuch ab und lasse den Teig an einem warmen Ort für etwa 90 Minuten gehen. Er sollte sich in dieser Zeit etwa verdoppeln.
6. Heize den Backofen auf 200 Grad vor. Forme aus dem aufgegangenen Teig einen Laib und lege ihn auf ein mit Backpapier ausgelegtes Backblech.
7. Backe das Brot im vorgeheizten Ofen für etwa 45 Minuten. Wenn du auf die Unterseite des Brotes klopfst und es hohl klingt, ist es fertig.
8. Lasse das Brot auf einem Kuchengitter vollständig abkühlen, bevor du es anschneidest. Guten Appetit!

Vollkorn-Weizen-Toastbrot

Zubereitungszeit: 15 Minuten + 90 Minuten Gehzeit + 45 Minuten Backzeit
Portionen: 1 Brot

Zutaten:

- 200 g Vollkornweizenmehl
- 50 g Weizenmehl Type 550
- 1 TL Salz
- 1 TL Zucker
- 150 ml lauwarmes Wasser
- 15 g frische Hefe
- 1 EL Sonnenblumenöl

Zubereitung:

1. Löse zuerst die Hefe und den Zucker in dem lauwarmen Wasser auf. Lass das Ganze für etwa 10 Minuten stehen, bis es schäumt.
2. Mische in einer großen Schüssel das Vollkornweizenmehl und das Weizenmehl mit dem Salz.
3. Gib die Hefe-Wasser-Mischung dazu und verarbeite alles zu einem Teig. Knete den Teig für etwa 10 Minuten gut durch. Hier ist etwas Geduld und Kraft gefragt!
4. Jetzt fügst du das Sonnenblumenöl hinzu und knetest den Teig weitere 5 Minuten. Der Teig sollte schön elastisch sein und nicht mehr an der Schüssel kleben.
5. Decke die Schüssel mit einem sauberen Küchentuch ab und lass den Teig an einem warmen Ort für etwa 90 Minuten gehen, bis er sich etwa verdoppelt hat.
6. Heize den Backofen auf 200 Grad vor. Forme aus dem Teig eine Brotform und lege es auf ein mit Backpapier ausgelegtes Backblech.
7. Backe das Brot für ca. 45 Minuten. Du kannst testen, ob das Brot fertig ist, indem du auf die Unterseite klopfst – es sollte hohl klingen. Lass das Brot auf einem Gitter abkühlen, bevor du es anschneidest.

Exotische Brote

Marokkanisches Fladenbrot

Zubereitungszeit: 15 Minuten + 1 Stunde Ruhezeit
Portionen: 1 Brot

Zutaten:

- 200 g Weizenmehl Type 550
- 50 g Roggenmehl Type 997
- 1 TL Salz
- 1 TL Trockenhefe
- 1 EL natives Olivenöl extra
- 150 ml warmes Wasser

Zubereitung:

1. Vermische das Weizen- und Roggenmehl in einer großen Schüssel. Gib das Salz und die Trockenhefe hinzu und rühre alles gut durch.
2. Füge das Olivenöl und das warme Wasser zur Mehlmischung hinzu. Beginne mit dem Rühren, bis ein grober Teig entsteht.
3. Knete den Teig auf einer bemehlten Arbeitsfläche etwa 10 Minuten, bis er glatt und elastisch wird. Forme eine Kugel aus dem Teig und lege ihn zurück in die Schüssel.
4. Decke die Schüssel mit einem sauberen Küchentuch ab und lasse den Teig an einem warmen Ort etwa 1 Stunde aufgehen, bis er sich in der Größe verdoppelt hat.
5. Heize eine gusseiserne Pfanne auf mittlerer Hitze vor. Rolle den Teig zu einem Fladen mit etwa 1 cm Dicke aus.
6. Backe das Fladenbrot in der Pfanne von jeder Seite ca. 3-4 Minuten, bis es goldbraun und aufgeblasen ist. Achte darauf, dass es nicht verbrennt!
7. Lasse das Fladenbrot ein paar Minuten abkühlen, bevor du es in Scheiben schneidest und servierst.

Indisches Naan-Brot

Zubereitungszeit: 20 Minuten + 90 Minuten Ruhezeit + 15 Minuten Backzeit
Portionen: 1 Brot

Zutaten:

- 150 g Weizenmehl Type 550
- 1 TL Hefe, trocken
- 1 TL Zucker
- 50 ml warmes Wasser
- 1 EL Naturjoghurt
- 1 TL natives Olivenöl extra
- 1 Prise Salz
- 1 TL Sesamkörner, zur Dekoration
- 1 EL Butter, geschmolzen, zum Bestreichen

Zubereitung:

1. Löse die Hefe und den Zucker im warmen Wasser auf. Lass die Mischung etwa 10 Minuten stehen, bis sie zu schäumen beginnt.
2. Mische in einer großen Schüssel das Mehl mit dem Salz. Mache eine Vertiefung in der Mitte und gieße die Hefe-Wasser-Mischung, den Joghurt und das Olivenöl hinein.
3. Knete die Zutaten zu einem glatten Teig. Wenn der Teig zu klebrig ist, kannst du ein wenig mehr Mehl hinzufügen. Ist er zu trocken, gib etwas mehr Wasser dazu.
4. Forme den Teig zu einer Kugel und bedecke die Schüssel mit einem feuchten Küchentuch. Lasse den Teig an einem warmen Ort für etwa 90 Minuten gehen, bis er sich in der Größe verdoppelt hat.
5. Heize deinen Backofen auf 230 Grad vor. Knete den aufgegangenen Teig noch einmal durch und forme ihn zu einem flachen, ovalen Brot.
6. Bestreue das Brot mit den Sesamkörnern und drücke sie leicht in den Teig ein. Lege das Brot auf ein mit Backpapier ausgelegtes Backblech und backe es für etwa 15 Minuten, bis es aufgegangen und goldbraun ist.
7. Nimm das Brot aus dem Ofen und bestreiche es sofort mit der geschmolzenen Butter. Lass das Naan-Brot etwas abkühlen, bevor du es servierst.

Schwedisches Knäckebrot

Zubereitungszeit: 20 Minuten + 50 Minuten Backzeit
Portionen: 1 Brot

Zutaten:

- 100 g Roggenmehl Type 1150
- 100 g Weizenmehl Type 550
- 1 TL Salz
- 1 TL Honig
- 1 EL natives Olivenöl extra
- 150 ml lauwarmes Wasser
- 2 EL Sesamsamen, weiß
- 2 EL Leinsamen
- 1 EL Sonnenblumenkerne

Zubereitung:

1. Zuerst stelle deine Backform bereit und heize den Ofen auf 200 Grad vor.
2. In einer mittelgroßen Schüssel vermische das Roggenmehl, Weizenmehl und Salz. Füge dann den Honig, Olivenöl und das lauwarme Wasser hinzu und rühre alles gut durch, bis ein glatter Teig entsteht.
3. Nun gibst du die Sesamsamen, Leinsamen und Sonnenblumenkerne zum Teig hinzu. Knete die Mischung gut durch, bis die Samen gleichmäßig verteilt sind.
4. Nimm den Teig aus der Schüssel und forme ihn auf einer leicht bemehlten Arbeitsfläche zu einer gleichmäßigen Rolle.
5. Schneide die Teigrolle in Scheiben von etwa 1 cm Dicke ab und lege diese auf das vorbereitete Backblech.
6. Backe das Knäckebrot für etwa 50 Minuten im vorgeheizten Ofen, bis es goldbraun und knusprig ist. Prüfe zwischendurch mit einem Zahnstocher, ob das Brot durchgebacken ist.
7. Lass das Knäckebrot auf einem Gitter vollständig abkühlen, bevor du es genießt. Es lässt sich wunderbar mit Aufstrichen oder Käse kombinieren.

Italienische Focaccia

Zubereitungszeit: 30 Minuten + 1 Stunde Ruhezeit + 20-25 Minuten Backzeit
Portionen: 1 Focaccia

Zutaten:

- 250 g Mehl Type 405
- 1 TL Trockenhefe
- 1/2 TL Zucker
- 1 TL Salz
- 160 ml lauwarmes Wasser
- 2 EL natives Olivenöl extra
- 1 EL Rosmarin, frisch und fein gehackt
- Meersalz, grob, zum Bestreuen
- 1 EL Oliven, schwarz und entsteint, fein geschnitten

Zubereitung:

1. Vermische das Mehl, die Trockenhefe, den Zucker und das Salz in einer großen Schüssel.
2. Gib das lauwarme Wasser dazu und beginne mit der Hand zu kneten, bis ein Teig entsteht.
3. Füge 1 EL Olivenöl hinzu und knete weiter, bis das Öl vollständig eingearbeitet ist.
4. Bedecke die Schüssel mit einem sauberen Tuch und lasse den Teig eine Stunde an einem warmen Ort gehen, bis er sich etwa verdoppelt hat.
5. Heize deinen Ofen auf 200 Grad vor.
6. Knete den Teig nochmals kurz durch und rolle ihn dann auf einer bemehlten Arbeitsfläche in die gewünschte Form aus.
7. Lege den ausgerollten Teig auf ein mit Backpapier belegtes Backblech und drücke mit den Fingern kleine Mulden in den Teig.
8. Träufle den restlichen EL Olivenöl über den Teig und bestreue ihn mit dem fein gehackten Rosmarin und den geschnittenen Oliven.
9. Streue etwas grobes Meersalz über die Oberfläche der Focaccia.
10. Backe die Focaccia 20-25 Minuten im Ofen, bis sie goldbraun ist.

Türkisches Pide

Zubereitungszeit: 30 Minuten + 1 Stunde Gehzeit + 15 Minuten Backzeit
Portionen: 1 Pide

Zutaten:

- 125 g Weizenmehl Type 550
- 1/2 TL Trockenhefe
- 1/2 TL Salz
- 1 EL natives Olivenöl extra
- 80 ml warmes Wasser
- 60 g Spinat, gewaschen und grob gehackt
- 50 g Feta-Käse, zerbröselt
- 1 rote Zwiebel, in dünne Ringe geschnitten
- 1 EL Sesamsamen
- 1 EL Schwarzkümmel

Zubereitung:

1. In einer großen Schüssel das Weizenmehl, die Trockenhefe und das Salz gut vermischen.
2. Das Olivenöl und warmes Wasser hinzufügen und mit einer Gabel verrühren, bis ein Teig entsteht.
3. Den Teig auf eine leicht bemehlte Arbeitsfläche geben und etwa 5 Minuten lang kräftig kneten, bis er glatt und elastisch ist.
4. Den Teig zu einer Kugel formen und in eine leicht geölte Schüssel geben. Mit einem sauberen Geschirrtuch abdecken und an einem warmen Ort etwa 1 Stunde aufgehen lassen, bis sich das Volumen verdoppelt hat.
5. Den Teig erneut auf die Arbeitsfläche geben und mit einem Nudelholz zu einer ovalen Form ausrollen.
6. Den Spinat, den Feta und die rote Zwiebel darauf verteilen, dabei einen Rand von etwa 1 cm freilassen.
7. Die Ränder des Teiges über die Füllung klappen und festdrücken.
8. Das Pide mit den Sesamsamen und dem Schwarzkümmel bestreuen.
9. Den Backofen auf 220 Grad vorheizen und das Pide 15 Minuten backen, bis es goldbraun und knusprig ist.
10. Aus dem Ofen nehmen und leicht abkühlen lassen, bevor du es in Scheiben schneidest und servierst.

Griechisches Pita-Brot

Zubereitungszeit: 20 Minuten + 30 Minuten Ruhezeit + 15 Minuten Backzeit
Portionen: 4 Pita Brote

Zutaten:

- 150 g Weizenmehl Type 550
- 50 g Vollkornmehl
- 1 TL Trockenhefe
- 1 TL Salz
- 120 ml warmes Wasser
- 1 EL natives Olivenöl extra
- 1 TL Honig

Zubereitung:

1. In einer großen Schüssel vermischst du das Weizenmehl und Vollkornmehl. In die Mitte machst du eine kleine Mulde und gibst die Trockenhefe hinein.
2. Das warme Wasser mischst du mit dem Honig und dem Olivenöl. Die Flüssigkeit gibst du dann in die Mulde mit der Hefe. Nun lässt du das Ganze etwa 5 Minuten stehen, bis die Hefe zu schäumen beginnt.
3. Danach mischst du alles zusammen und knetest den Teig etwa 10 Minuten lang, bis er glatt und elastisch ist. Bei Bedarf fügst du noch etwas mehr Mehl hinzu.
4. Jetzt deckst du die Schüssel mit einem sauberen Tuch ab und lässt den Teig an einem warmen Ort für etwa 30 Minuten gehen, bis er sich in seiner Größe verdoppelt hat.
5. Anschließend teilst du den Teig in vier gleiche Teile und formst aus jedem Teil eine Kugel. Diese Kugeln rollst du dann zu flachen Fladen aus.
6. Jetzt ist es Zeit für den Backofen. Du erhitzt ihn auf 230 Grad und backst die Pita-Brote für etwa 10-15 Minuten, bis sie aufgegangen und goldbraun sind.
7. Lass das Pita-Brot kurz abkühlen, bevor du es genießt. Am besten schmeckt es noch leicht warm.

Französisches Baguette

Zubereitungszeit: 30 Minuten + 3 Stunden Ruhezeit + 25 Minuten Backzeit
Portionen: 1 Baguette

Zutaten:

- 175 g Mehl Type 550
- 125 ml lauwarmes Wasser
- 1/2 TL Salz
- 1/2 TL Zucker
- 1 TL Trockenhefe
- Etwas Mehl für die Arbeitsfläche
- Etwas Wasser zum Befeuchten

Zubereitung:

1. Mische in einer großen Schüssel das Mehl, Salz und Zucker zusammen.
2. Löse die Trockenhefe in dem lauwarmen Wasser auf und gib sie zu den trockenen Zutaten in die Schüssel. Verarbeite alles zu einem glatten Teig.
3. Decke die Schüssel mit einem sauberen Tuch ab und lasse den Teig an einem warmen Ort für etwa 2 Stunden aufgehen, bis er sich verdoppelt hat.
4. Bestäube deine Arbeitsfläche mit etwas Mehl und knete den Teig dort nochmal kurz durch. Forme dann den Teig zu einem Baguette, indem du ihn länglich ausrollst und dann einschlägst.
5. Leg das geformte Baguette auf ein mit Backpapier ausgelegtes Backblech und lass es dort nochmal 1 Stunde ruhen, bis es sich nochmal etwas vergrößert hat.
6. Heize deinen Ofen auf 230 Grad vor. Bevor du das Baguette in den Ofen schiebst, schneide mit einem scharfen Messer ein paar schräge Einkerbungen in die Oberfläche und befeuchte das Baguette mit etwas Wasser.
7. Backe das Baguette nun für etwa 25 Minuten, bis es schön goldbraun ist.

Irisches Soda Bread

Zubereitungszeit: 10 Minuten + 30 Minuten Backzeit
Portionen: 1 Brot

Zutaten:

- 200 g Weizenmehl Type 550
- 100 g Vollkornmehl
- 1 TL Natron
- 1/2 TL Salz
- 1 EL Zucker
- 200 ml Buttermilch
- 1 EL Rapsöl
- 1 EL Haferflocken, zum Bestreuen

Zubereitung:

1. Heize deinen Backofen auf 200 Grad vor. Lege ein Backblech mit Backpapier aus.
2. In einer Schüssel vermischst du Weizenmehl, Vollkornmehl, Natron, Salz und Zucker. Gib die Buttermilch hinzu und beginne, die Zutaten mit einer Gabel zu vermengen.
3. Gib das Rapsöl dazu und knete alles zu einem glatten Teig. Falls der Teig zu trocken ist, füge noch etwas Buttermilch hinzu. Wenn er zu klebrig ist, füge mehr Mehl hinzu.
4. Forme aus dem Teig eine runde Scheibe und lege diese auf das vorbereitete Backblech. Mit einem scharfen Messer machst du ein X auf der Oberseite des Teiges.
5. Bestreue dein Brot mit den Haferflocken und backe es im vorgeheizten Ofen für ca. 30 Minuten, bis es eine schöne goldene Farbe angenommen hat und beim Klopfen auf die Unterseite hohl klingt.
6. Lass das Brot auf einem Gitter vollständig abkühlen, bevor du es anschneidest.

Russisches Schwarzbrot

Zubereitungszeit: 15 Minuten + 3 Stunden Ruhezeit + 45 Minuten Backzeit
Portionen: 1 Brot

Zutaten:

- 150 g Roggenmehl Type 1150
- 100 g Weizenmehl Type 550
- 1 TL Trockenhefe
- 200 ml lauwarmes Wasser
- 1 TL Salz
- 1 EL dunkler Sirup (z. B. Zuckerrübensirup)
- 1 EL Sonnenblumenkerne
- 1 EL Leinsamen
- 1 EL dunkler Kakao, ungesüßt

Zubereitung:

1. In einer großen Schüssel mischst du das Roggenmehl, das Weizenmehl und die Trockenhefe gut durch.
2. Füge das Salz, den dunklen Sirup, die Sonnenblumenkerne, die Leinsamen und den Kakao hinzu.
3. Gieße langsam das lauwarme Wasser dazu und rühre kräftig um, bis sich alle Zutaten gut verbunden haben und einen homogenen Teig bilden.
4. Bedecke die Schüssel mit einem Küchentuch und lasse den Teig an einem warmen Ort für etwa 3 Stunden gehen, bis er sich ungefähr verdoppelt hat.
5. Heize den Backofen auf 200 Grad vor. Forme den Teig zu einer runden Laibe und lege ihn auf ein mit Backpapier ausgelegtes Backblech.
6. Backe das Brot im vorgeheizten Ofen für etwa 45 Minuten, oder bis es beim Klopfen auf die Unterseite hohl klingt. Lass es auf einem Gitter vollständig abkühlen, bevor du es schneidest.

Polnisches Roggenbrot

Zubereitungszeit: 20 Minuten + 2 Stunden Ruhezeit + 40 Minuten Backzeit
Portionen: 1 Brot

Zutaten:

- 250 g Roggenmehl Type 997
- 100 g Weizenmehl Type 1050
- 1 TL Salz
- 1 TL Zucker
- 1 Packung Trockenhefe (ca. 7 g)
- 300 ml warmes Wasser
- 1 EL Rapsöl
- 1 EL Weißweinessig
- Roggenflocken für die Dekoration

Zubereitung:

1. In einer großen Schüssel vermischst du das Roggenmehl, Weizenmehl, Salz und Zucker.
2. Die Trockenhefe löst du in einem kleinen Teil des warmen Wassers auf und lässt diese Mischung für etwa 5 Minuten stehen, bis sie zu schäumen beginnt.
3. Gib das Hefe-Wasser-Gemisch zu den trockenen Zutaten in die Schüssel. Füge das restliche warme Wasser, das Rapsöl und den Essig hinzu.
4. Knete den Teig für etwa 10 Minuten, bis er elastisch und leicht klebrig ist. Eventuell brauchst du etwas mehr Mehl, falls der Teig zu feucht ist, oder mehr Wasser, wenn er zu trocken ist.
5. Decke die Schüssel mit einem sauberen Küchentuch ab und lass den Teig an einem warmen Ort für etwa 2 Stunden gehen, bis er sich in der Größe verdoppelt hat.
6. Heize den Backofen auf 200 Grad vor. Forme den aufgegangenen Teig zu einer Kugel und platziere ihn auf einem mit Backpapier belegten Backblech. Bestreue die Oberfläche des Brotes mit Roggenflocken.
7. Backe das Brot für etwa 40 Minuten oder bis es eine schöne, goldbraune Kruste hat und beim Klopfen auf die Unterseite hohl klingt. Lass es auf einem Gitter vollständig abkühlen, bevor du es aufschneidest.

Glutenfreie Brote

Buchweizenbrot mit Sonnenblumenkernen

Zubereitungszeit: 15 Minuten + 45 Minuten Backzeit
Portionen: 1 Brot

Zutaten:

- 200 g Buchweizenmehl
- 1 EL Apfelessig
- 50 g Sonnenblumenkerne, geröstet
- 2 TL Backpulver
- 1/2 TL Salz
- 200 ml Wasser
- 1 EL Leinsamen, gemahlen und mit 3 EL Wasser vermischt (als Ei-Ersatz)
- 1 EL natives Olivenöl extra

Zubereitung:

1. Heize deinen Ofen auf 180 Grad vor.
2. In einer großen Schüssel vermische das Buchweizenmehl, das Backpulver und das Salz.
3. Füge die Sonnenblumenkerne hinzu und rühre sie unter.
4. In einer separaten Schüssel vermische das Wasser, den Apfelessig, das Olivenöl und den Leinsamen-Ei-Ersatz.
5. Gib die flüssigen Zutaten zur Mehlmischung und rühre alles gut durch, bis ein glatter Teig entsteht.
6. Forme den Teig zu einem Brotlaib und lege ihn auf ein mit Backpapier ausgelegtes Backblech.
7. Backe das Brot für etwa 45 Minuten, oder bis die Oberseite fest und goldbraun ist.
8. Lasse das Brot vollständig abkühlen, bevor du es in Scheiben schneidest. Genieße es mit deinem Lieblingsaufstrich!

Saftiges Quinoa-Brot

Zubereitungszeit: 15 Minuten + 50 Minuten Backzeit + 1 Stunde Ruhezeit
Portionen: 1 Brot

Zutaten:

- 100 g Quinoa (bereits gekocht)
- 200 g Buchweizenmehl
- 100 g Reismehl
- 1 TL Salz
- 2 TL Backpulver
- 200 ml Wasser
- 1 EL Apfelessig
- 1 EL natives Olivenöl extra
- 2 EL Sonnenblumenkerne, geröstet

Zubereitung:

1. Den Backofen auf 180 Grad vorheizen und eine Brotbackform mit Olivenöl einstreichen.
2. Das bereits gekochte Quinoa, das Buchweizenmehl, das Reismehl, das Salz und das Backpulver in einer Schüssel vermischen.
3. Wasser, Apfelessig und Olivenöl hinzufügen und alles gut durchmischen, bis ein gleichmäßiger Teig entsteht. Dies kann etwa 5 Minuten dauern.
4. Die Sonnenblumenkerne unter den Teig mischen.
5. Den Teig in die vorbereitete Brotbackform geben und glatt streichen. Lass den Teig jetzt etwa 1 Stunde ruhen.
6. Nach der Ruhezeit das Brot in den vorgeheizten Backofen geben und ca. 50 Minuten backen, bis es eine schöne goldene Farbe hat und beim Klopfen auf die Unterseite hohl klingt.
7. Das Brot aus dem Ofen nehmen und vollständig abkühlen lassen, bevor du es aus der Form nimmst.

Haferbrot mit Nüssen und Samen

Zubereitungszeit: 10 Minuten + 60 Minuten Backzeit + 5 Minuten Ruhezeit
Portionen: 1 Brot

Zutaten:

- 150 g Haferflocken (glutenfrei)
- 100 g Buchweizenmehl
- 50 g Sonnenblumenkerne
- 50 g gehackte Nüsse (nach Wahl, z.B. Walnüsse oder Mandeln)
- 2 EL Chiasamen
- 1 TL Salz
- 1 TL Natron
- 1 EL Apfelessig
- 300 ml lauwarmes Wasser

Zubereitung:

1. Heize deinen Backofen auf 180 Grad vor. Lege eine kleine Kastenform (circa 20cm) mit Backpapier aus.
2. In einer großen Schüssel vermengst du die Haferflocken, das Buchweizenmehl, Sonnenblumenkerne, gehackte Nüsse, Chiasamen, Salz und Natron. Gut durchmischen.
3. Nun gibst du den Apfelessig und das lauwarme Wasser hinzu. Mit einem Löffel rührst du alles gründlich um, bis eine gleichmäßige Teigmasse entsteht. Lass den Teig für etwa 5 Minuten ruhen, damit die Chiasamen quellen können.
4. Fülle den Teig in die vorbereitete Kastenform und glätte die Oberfläche mit einem Spatel.
5. Backe das Brot im vorgeheizten Backofen für 60 Minuten. Prüfe gegen Ende mit einem Holzstäbchen, ob das Brot durchgebacken ist (es sollte kein Teig mehr am Stäbchen kleben bleiben).
6. Nimm das Brot aus dem Ofen und lass es in der Form etwas abkühlen. Dann kannst du es aus der Form lösen und auf einem Gitter vollständig auskühlen lassen.

Rustikales Hirsebrot

Zubereitungszeit: 15 Minuten + 40 Minuten Backzeit + 20 Minuten Ruhezeit
Portionen: 1 Brot

Zutaten:

- 150 g Hirse, trocken
- 100 g Buchweizenmehl
- 50 g Kartoffelstärke
- 2 TL Backpulver
- 1 TL Salz
- 250 ml warmes Wasser
- 1 EL natives Olivenöl extra
- 1 EL Apfelessig

Zubereitung:

1. Beginne damit, die Hirse in einer trockenen Pfanne leicht anzurösten, bis sie duftet. Gib sie dann in eine Schüssel und lasse sie abkühlen.
2. In einer separaten Schüssel mischst du das Buchweizenmehl, die Kartoffelstärke, das Backpulver und das Salz miteinander.
3. Wenn die Hirse abgekühlt ist, gib sie in die Schüssel mit den trockenen Zutaten und rühre alles gut durch.
4. Füge nun das warme Wasser, das Olivenöl und den Apfelessig hinzu. Mische alles gut durch, bis ein klebriger Teig entsteht.
5. Bedecke die Schüssel mit einem Tuch und lass den Teig etwa 20 Minuten ruhen.
6. Heize den Ofen auf 180 Grad vor. Forme aus dem Teig ein Brot und lege es auf ein mit Backpapier belegtes Backblech.
7. Backe das Brot für etwa 40 Minuten im Ofen, bis es goldbraun ist und hohl klingt, wenn du auf den Boden klopfst.
8. Lass das Brot auf einem Gitter vollständig abkühlen, bevor du es anschneidest.

Reisbrot mit Kräutern

Zubereitungszeit: 15 Minuten + 45 Minuten Backzeit
Portionen: 1 Brot

Zutaten:

- 200 g Reismehl
- 1 TL Backpulver
- 1/2 TL Salz
- 2 EL natives Olivenöl extra
- 1 EL Honig
- 120 ml warmes Wasser
- 1 EL gemischte getrocknete Kräuter (Rosmarin, Thymian, Oregano)
- 1 EL Sesamsamen

Zubereitung:

1. Heize deinen Backofen auf 200 Grad vor. Lege ein Backblech mit Backpapier aus.
2. In einer großen Schüssel das Reismehl, Backpulver und Salz mischen. Mache in der Mitte eine Mulde.
3. Gib das Olivenöl und den Honig in die Mulde. Fange langsam an, die Zutaten zu vermischen, während du das warme Wasser nach und nach hinzufügst. Arbeite den Teig gut durch, bis er weich und geschmeidig ist.
4. Gib nun die getrockneten Kräuter und die Hälfte der Sesamsamen in den Teig und knete sie gut ein.
5. Forme aus dem Teig ein rundes Brot und lege es auf das vorbereitete Backblech. Bestreue das Brot mit den restlichen Sesamsamen.
6. Backe das Brot im vorgeheizten Ofen für etwa 45 Minuten, oder bis es goldbraun ist und hohl klingt, wenn man auf den Boden klopft.
7. Lasse dein frisch gebackenes Brot auf einem Kuchengitter vollständig abkühlen, bevor du es anschneidest.

Mandelbrot mit Feigen

Zubereitungszeit: 15 Minuten + 45 Minuten Backzeit
Portionen: 1 Brot

Zutaten:

- 200 g Mandelmehl
- 1 reife Feige, klein gewürfelt
- 60 ml Wasser
- 1 EL natives Olivenöl extra
- 1 TL Backpulver
- 1/2 TL Salz
- 1 EL Chiasamen, gemahlen
- 2 EL Ahornsirup
- 1 TL Apfelessig

Zubereitung:

1. Den Backofen auf 180 Grad vorheizen und eine kleine Brotbackform mit Backpapier auslegen.
2. Das Mandelmehl in eine Schüssel geben und mit Backpulver und Salz mischen.
3. In einer separaten Schüssel das Wasser, Olivenöl, gemahlene Chiasamen, Ahornsirup und Apfelessig gut verrühren. Etwa 5 Minuten stehen lassen, bis die Mischung eindickt.
4. Die Flüssigkeitsmischung zum Mandelmehl hinzufügen und alles gut miteinander vermischen, bis ein gleichmäßiger Teig entsteht.
5. Die klein gewürfelte Feige unter den Teig heben.
6. Den Teig in die vorbereitete Brotform geben und glatt streichen.
7. Das Brot im vorgeheizten Backofen für ca. 45 Minuten backen. Anschließend aus dem Ofen nehmen und vollständig abkühlen lassen, bevor es aus der Form genommen wird. Genieße dein selbstgebackenes Mandelbrot!

Kastanienbrot mit Rosmarin

Zubereitungszeit: 15 Minuten + 40 Minuten Backzeit
Portionen: 1 Brot

Zutaten:

- 150 g Kastanienmehl
- 100 g Buchweizenmehl
- 1 TL Backpulver
- 1 TL Salz
- 1 EL frischer Rosmarin, fein gehackt
- 1 Bio-Ei
- 180 ml Wasser
- 2 EL natives Olivenöl extra

Zubereitung:

1. Heize den Ofen auf 200 Grad vor und lege eine kleine Backform mit Backpapier aus.
2. Mische in einer großen Schüssel das Kastanienmehl, Buchweizenmehl, Backpulver und Salz. Füge den gehackten Rosmarin hinzu und verrühre alles gut.
3. Schlage in einer separaten Schüssel das Ei auf und verquirle es. Füge das Wasser und das Olivenöl hinzu und verrühre alles gut miteinander.
4. Gieße die flüssige Mischung in die Schüssel mit den trockenen Zutaten. Rühre alles gut durch, bis ein gleichmäßiger Teig entsteht.
5. Fülle den Teig in die vorbereitete Backform und glätte die Oberfläche mit einem Löffel.
6. Backe das Brot im vorgeheizten Ofen für etwa 40 Minuten oder bis es fest ist und eine schöne goldbraune Kruste hat.
7. Lass das Brot vor dem Anschneiden vollständig abkühlen.

Kokosbrot mit Ananas

Zubereitungszeit: 15 Minuten + 45 Minuten Backzeit
Portionen: 1 Brot

Zutaten:

- 200 g glutenfreies Mehl
- 50 g Kokosmehl
- 1 reife Ananas, geschält und in kleine Stücke geschnitten
- 50 g Kokosraspeln, zum Bestreuen
- 1 EL Backpulver
- 1/2 TL Salz
- 80 ml Kokosöl, geschmolzen
- 2 EL Honig
- 100 ml Kokosmilch
- 2 Bio-Eier

Zubereitung:

1. Heize zuerst deinen Backofen auf 180 Grad vor und lege eine Brotform mit Backpapier aus.
2. In einer großen Schüssel mische das glutenfreie Mehl, Kokosmehl, Backpulver und Salz.
3. Füge die Ananasstücke hinzu und vermische alles gut miteinander.
4. In einer separaten Schüssel vermenge das Kokosöl, den Honig, die Kokosmilch und die Eier. Rühre diese flüssigen Zutaten gut durch.
5. Gieße die flüssige Mischung in die Schüssel mit den trockenen Zutaten und rühre alles zusammen, bis ein gleichmäßiger Teig entsteht.
6. Fülle den Teig in die vorbereitete Brotform und streue die Kokosraspeln gleichmäßig darüber.
7. Backe das Brot im vorgeheizten Ofen für etwa 45 Minuten, oder bis es goldbraun ist und ein eingeführter Zahnstocher sauber herauskommt.
8. Lass das Brot nach dem Backen in der Form einige Minuten abkühlen, bevor du es herausnimmst und auf einem Gitter vollständig abkühlen lässt.
9. Schneide das Brot in Scheiben und genieße es frisch oder getoastet mit deinem Lieblingsaufstrich.

Kürbiskernbrot

Zubereitungszeit: 15 Minuten + 45 Minuten Backzeit
Portionen: 1 Brot

Zutaten:

- 150 g Teff-Vollkornmehl
- 50 g Buchweizenmehl
- 100 g Kürbiskerne, grob gehackt
- 1 TL Xanthan
- 1/2 TL Salz
- 1 EL Backpulver
- 2 EL natives Olivenöl extra
- 200 ml Wasser
- 1 EL Apfelessig

Zubereitung:

1. Zuerst heizt du deinen Backofen auf 200 Grad vor und bereitest eine kleine Brotform vor, indem du sie mit ein wenig Olivenöl einfettest.
2. In einer großen Schüssel vermischst du das Teff-Vollkornmehl, das Buchweizenmehl, die gehackten Kürbiskerne, das Xanthan, das Salz und das Backpulver.
3. In einer zweiten Schüssel vermischt du das Olivenöl, das Wasser und den Apfelessig.
4. Nun gibst du die flüssigen Zutaten zu den trockenen und rührst alles gut um, bis ein glatter Teig entsteht.
5. Diesen Teig gibst du in die vorbereitete Brotform und streichst ihn glatt.
6. Nun backst du dein Brot für etwa 45 Minuten. Es sollte schön aufgegangen sein und eine goldbraune Kruste haben.
7. Lasse das Brot in der Form für etwa 10 Minuten abkühlen, bevor du es herausnimmst und auf einem Gitter vollständig abkühlen lässt.

Leinsamenbrot mit Cranberries

Zubereitungszeit: 15 Minuten + 45 Minuten Backzeit + 15 Minuten Ruhezeit
Portionen: 1 Brot

Zutaten:

- 125 g Leinsamen, gemahlen
- 50 g Buchweizenmehl
- 1 EL Chiasamen
- 1 TL Backpulver
- 1 Prise Salz
- 2 EL natives Olivenöl extra
- 150 ml Wasser
- 50 g getrocknete Cranberries

Zubereitung:

1. Heize den Ofen auf 180 Grad vor.
2. In einer Schüssel vermische das gemahlene Leinsamen mit dem Buchweizenmehl, den Chiasamen, dem Backpulver und einer Prise Salz.
3. Gib das Olivenöl und Wasser dazu und rühre alles gut durch, bis ein geschmeidiger Teig entsteht.
4. Lass den Teig für etwa 15 Minuten ruhen, damit das Leinsamen und die Chiasamen quellen können.
5. In der Zwischenzeit hacke die getrockneten Cranberries in kleinere Stücke und mische sie unter den Teig.
6. Forme aus dem Teig eine kleine Brotform und lege sie auf ein mit Backpapier ausgelegtes Backblech.
7. Backe das Brot für etwa 45 Minuten im vorgeheizten Ofen. Es sollte eine schöne goldbraune Kruste bekommen haben.
8. Lass das Brot vor dem Anschneiden noch etwa 30 Minuten abkühlen.

Amaranthbrot mit Chia-Samen

Zubereitungszeit: 15 Minuten + 35 Minuten Backzeit + 10 Minuten Ruhezeit
Portionen: 1 Brot

Zutaten:

- 200 g Amaranthmehl
- 100 g Buchweizenmehl
- 50 g Chia-Samen, ganz
- 1 TL Natron
- 1 EL Apfelessig
- 250 ml Wasser
- 1/2 TL Salz
- 2 EL natives Olivenöl extra
- Ein paar Sonnenblumenkerne zum Bestreuen (optional)

Zubereitung:

1. Heize den Backofen auf 180 Grad vor und lege eine kleine Brotform mit Backpapier aus.
2. Vermische in einer Schüssel das Amaranthmehl, Buchweizenmehl, Chia-Samen, Salz und Natron.
3. Füge das Olivenöl, den Apfelessig und das Wasser hinzu. Rühre die Mischung gut durch, bis ein gleichmäßiger Teig entsteht. Lass den Teig etwa 10 Minuten ruhen, damit die Chia-Samen quellen können.
4. Fülle den Teig in die vorbereitete Brotform. Bestreue das Brot mit Sonnenblumenkernen, wenn du möchtest.
5. Backe das Brot für etwa 35 Minuten, bis es eine schöne goldbraune Farbe hat und beim Klopfen auf die Unterseite hohl klingt.
6. Lass das Brot auf einem Gitter vollständig auskühlen, bevor du es in Scheiben schneidest.

Sesambrot mit Oliven

Zubereitungszeit: 15 Minuten + 45 Minuten Backzeit
Portionen: 1 Brot

Zutaten:

- 100 g Reismehl
- 50 g Buchweizenmehl
- 50 g Maisstärke
- 1 EL gemahlener goldener Leinsamen
- 1 TL Backpulver
- 1/4 TL Salz
- 2 EL natives Olivenöl extra
- 120 ml Wasser
- 2 EL schwarze entsteinte Oliven, grob gehackt
- 3 EL Sesamsamen

Zubereitung:

1. Heize zuerst den Ofen auf 200 Grad vor. In einer großen Schüssel kombinierst du Reismehl, Buchweizenmehl, Maisstärke, gemahlene goldene Leinsamen, Backpulver und Salz. Alles gut miteinander vermischen.
2. Gib das Olivenöl und Wasser zu deinen trockenen Zutaten und verrühre alles gut. Du solltest jetzt eine leicht klebrige, aber formbare Teigmasse haben.
3. Füge nun die grob gehackten Oliven hinzu und knete sie gleichmäßig in den Teig ein.
4. Forme den Teig zu einer flachen Kugel und lege sie auf ein mit Backpapier ausgelegtes Backblech.
5. Bestreue die Oberfläche des Teigs großzügig mit Sesamsamen und drücke sie leicht an, damit sie haften bleiben.
6. Backe das Brot für etwa 45 Minuten im Ofen, bis es goldbraun ist und hohl klingt, wenn du darauf klopfst.
7. Lass das Brot vollständig abkühlen, bevor du es in Scheiben schneidest.

Kichererbsenbrot mit Koriander

Zubereitungszeit: 15 Minuten + 35 Minuten Backzeit
Portionen: 1 Brot

Zutaten:

- 200 g Kichererbsenmehl
- 2 TL Backpulver
- 1/2 TL Salz
- 1/2 TL gemahlener Kreuzkümmel
- 50 g frischer Koriander, fein gehackt
- 1 kleine rote Zwiebel, fein gewürfelt
- 2 EL natives Olivenöl extra, plus extra zum Bestreichen
- 200 ml Wasser

Zubereitung:

1. Heize den Backofen auf 200 Grad vor.
2. Vermische das Kichererbsenmehl, Backpulver, Salz und Kreuzkümmel in einer großen Schüssel.
3. Füge den fein gehackten Koriander und die gewürfelte Zwiebel hinzu. Mische alles gut durch.
4. Gib das Olivenöl und das Wasser dazu und rühre alles gut um, bis du einen gleichmäßigen Teig erhältst.
5. Lege ein Backblech mit Backpapier aus und forme den Teig darauf zu einem Brotlaib. Bestreiche die Oberfläche des Brotes mit etwas Olivenöl.
6. Backe das Brot im vorgeheizten Backofen für etwa 35 Minuten, bis es goldbraun und knusprig ist.
7. Lass das Brot vor dem Schneiden etwas abkühlen.

Glutenfreies Zwiebelbrot

Zubereitungszeit: 15 Minuten + 45 Minuten Backzeit
Portionen: 1 Brot

Zutaten:

- 200 g glutenfreies Mehl
- 1 mittelgroße Zwiebel, fein gewürfelt
- 1 EL natives Olivenöl extra
- 1 TL Backpulver
- 1/2 TL Salz
- 1 EL Chiasamen, gemahlen
- 3 EL Wasser
- 150 ml lauwarmes Wasser

Zubereitung:

1. Heize den Backofen auf 200 Grad vor und lege eine Brotbackform mit Backpapier aus.
2. In einer kleinen Pfanne erhitze das Olivenöl und dünste die gewürfelte Zwiebel darin, bis sie glasig und leicht gebräunt ist. Dann stelle die Pfanne zur Seite.
3. In einer kleinen Schüssel mische die gemahlenen Chiasamen mit 3 EL Wasser und lasse es für etwa 5 Minuten stehen, bis eine gelartige Masse entsteht. Dies dient als Ei-Ersatz.
4. In einer großen Rührschüssel mische das glutenfreie Mehl, Backpulver und Salz. Füge die Zwiebel und die Chia-Wasser-Mischung hinzu und mische alles gut durch.
5. Füge nun nach und nach das lauwarme Wasser hinzu und knete den Teig, bis er gut vermischt und elastisch ist.
6. Forme aus dem Teig eine Kugel und lege sie in die vorbereitete Backform. Backe das Brot im vorgeheizten Ofen für etwa 45 Minuten oder bis es goldbraun ist.
7. Lasse das Brot vor dem Schneiden mindestens 10 Minuten ruhen. Genieße dein frisch gebackenes, duftendes Zwiebelbrot!

Scharfes Chili-Maisbrot

Zubereitungszeit: 15 Minuten + 40 Minuten Backzeit
Portionen: 1 Brot

Zutaten:

- 150 g Maismehl
- 100 g Reismehl
- 1/2 TL Backpulver
- 1/4 TL Natron
- 1 TL Salz
- 1 EL Zucker
- 1 frische rote Chilischote, fein gehackt
- 50 g Maiskörner (aus der Dose, abgetropft)
- 1 EL natives Olivenöl extra
- 180 ml Buttermilch
- 1 Bio-Ei

Zubereitung:

1. Zuerst musst du den Ofen auf 180 Grad vorheizen und eine kleine Brotbackform mit Backpapier auslegen.
2. In einer Schüssel das Maismehl, Reismehl, Backpulver, Natron, Salz und Zucker miteinander vermischen.
3. Nun fügst du die fein gehackte Chilischote und Maiskörner hinzu. Alles gut umrühren, damit die Stückchen gleichmäßig im Mehl verteilt sind.
4. In einer zweiten Schüssel das Olivenöl, die Buttermilch und das Ei gut miteinander verquirlen.
5. Die Flüssigkeit zu den trockenen Zutaten geben und alles zu einem glatten Teig verrühren.
6. Den Teig in die vorbereitete Brotbackform geben und gleichmäßig verteilen.
7. Nun das Brot in den vorgeheizten Ofen schieben und ca. 40 Minuten backen, bis es schön goldbraun ist und der Duft von frischem Brot und scharfem Chili durch die Küche zieht.
8. Lass das Brot vor dem Anschneiden etwas abkühlen. Genieß es warm oder kalt – so wie du es am liebsten magst!

Vegane Brote

Dinkel-Bananenbrot

Zubereitungszeit: 15 Minuten + 45 Minuten Backzeit
Portionen: 1 Brot

Zutaten:

- 150 g Dinkelmehl Type 630
- 50 g Dinkel-Vollkornmehl
- 1 reife Banane, geschält und zerdrückt
- 2 EL Apfelmus (ungesüßt)
- 2 EL Agavendicksaft
- 2 TL Backpulver
- 1 TL Zimt
- 1 Prise Salz
- 50 ml pflanzliche Milch (z.B. Hafermilch)
- 2 EL Sonnenblumenkerne

Zubereitung:

1. Heize den Backofen auf 180 Grad vor. Bereite eine kleine Kastenform vor, indem du sie leicht einfettest und mit Mehl bestäubst.
2. In einer Schüssel mischst du das Dinkelmehl, Dinkel-Vollkornmehl, Backpulver, Zimt und Salz gut durch.
3. In einer zweiten Schüssel zerdrückst du die Banane mit einer Gabel zu Brei. Füge das Apfelmus und den Agavendicksaft hinzu und rühre alles gut um.
4. Gib die nassen Zutaten zu den trockenen und mische sie kurz durch. Gieße die pflanzliche Milch hinzu und rühre so lange, bis sich alles zu einem gleichmäßigen Teig verbunden hat.
5. Streue die Sonnenblumenkerne über den Teig und rühre sie vorsichtig unter.
6. Fülle den Teig in die vorbereitete Kastenform und streiche die Oberfläche glatt. Backe das Brot im vorgeheizten Backofen für etwa 45 Minuten. Eine Stäbchenprobe hilft dir, den richtigen Zeitpunkt zu finden: Wenn kein Teig mehr am Stäbchen klebt, ist das Brot fertig.
7. Lasse das Brot einige Minuten in der Form abkühlen, bevor du es stürzt und auf einem Kuchengitter vollständig abkühlen lässt.

Gerstenbrot mit getrockneten Tomaten

Zubereitungszeit: 15 Minuten + 45 Minuten Backzeit + 30 Minuten Ruhezeit
Portionen: 1 Brot

Zutaten:

- 200 g Gerstenmehl
- 50 g Vollkornmehl
- 1 TL Salz
- 1 TL Trockenhefe
- 160 ml warmes Wasser
- 2 EL natives Olivenöl extra
- 50 g getrocknete Tomaten, in feine Stücke geschnitten

Zubereitung:

1. Nimm zuerst eine große Schüssel und gib das Gerstenmehl, Vollkornmehl und Salz hinein. Mische alles gut durch.
2. Löse in einem kleinen Behälter die Trockenhefe in dem warmen Wasser auf und lass sie für etwa 5 Minuten aktivieren.
3. Gib das Hefe-Wasser-Gemisch und das Olivenöl zu den trockenen Zutaten und knete alles zu einem glatten Teig. Am besten geht das mit den Händen.
4. Gib die klein geschnittenen getrockneten Tomaten hinzu und knete sie vorsichtig in den Teig ein, bis sie gleichmäßig verteilt sind.
5. Forme aus dem Teig eine Kugel und decke die Schüssel mit einem Küchentuch ab. Lass den Teig an einem warmen Ort für etwa 30 Minuten ruhen, bis er sich etwa verdoppelt hat.
6. Heize den Backofen auf 200 Grad vor. Lege ein Backblech mit Backpapier aus.
7. Forme aus dem aufgegangenen Teig ein längliches Brot und lege es auf das vorbereitete Backblech.
8. Backe dein Gerstenbrot für etwa 45 Minuten im vorgeheizten Ofen. Wenn du auf die Unterseite des Brotes klopfst und es hohl klingt, ist es fertig.
9. Lass dein Brot auf einem Gitter vollständig abkühlen, bevor du es anschneidest.

Süßes Kokos-Curry-Brot

Zubereitungszeit: 15 Minuten + 30 bis 35 Minuten Backzeit
Portionen: 1 Brot

Zutaten:

- 150 g Vollkornmehl
- 50 g Kokosmehl (alternativ können auch Kokosraspeln verwendet werden, die du in einer Küchenmaschine zu Mehl mahlen kannst)
- 1 EL Zucker
- 1 TL Currypulver
- 1 TL Backpulver
- 1/2 TL Salz
- 120 ml Kokosmilch
- 2 EL geschmolzenes Kokosöl
- 1 EL Ahornsirup

Zubereitung:

1. Heize den Backofen auf 180 Grad vor und bereite eine kleine Backform vor, indem du sie mit etwas Kokosöl einfettest.
2. In einer Schüssel vermische das Vollkornmehl, Kokosmehl, Zucker, Currypulver, Backpulver und Salz.
3. In einer anderen Schüssel verquirlst du die Kokosmilch, das geschmolzene Kokosöl und den Ahornsirup.
4. Gieße die nasse Mischung in die trockene Mischung und rühre sie mit einem Löffel, bis alles gut vermischt ist und ein Teig entsteht. Achte darauf, nicht zu viel zu rühren, um ein zähes Brot zu vermeiden.
5. Fülle den Teig in die vorbereitete Backform und streiche die Oberfläche glatt.
6. Backe das Brot für etwa 30-35 Minuten oder bis ein in die Mitte eingesetzter Zahnstocher sauber herauskommt. Lasse es vor dem Schneiden einige Minuten in der Form abkühlen.

Vollkornbrot mit Apfel und Haferflocken

Zubereitungszeit: 20 Minuten + 1 Stunde Gehzeit + 40 Minuten Backzeit
Portionen: 1 Brot

Zutaten:

- 200 g Vollkornmehl
- 100 g Haferflocken
- 1 mittelgroßer Apfel, geschält und gerieben
- 1 EL Rapsöl
- 2 TL Trockenhefe
- 1 TL Salz
- 1 TL Zucker
- 250 ml warmes Wasser

Zubereitung:

1. Vermische zuerst das Vollkornmehl, die Haferflocken, Salz und Zucker in einer großen Schüssel.
2. In einer kleinen Schüssel mischst du die Trockenhefe mit dem warmen Wasser und lässt diese Mischung für 5 Minuten stehen.
3. Gib das Rapsöl und den geriebenen Apfel zu den trockenen Zutaten in der großen Schüssel und vermenge alles gut miteinander.
4. Gieße die Hefemischung in die große Schüssel und rühre alles gut um, bis sich ein Teig bildet.
5. Decke die Schüssel mit einem sauberen Tuch ab und lasse den Teig für etwa 1 Stunde an einem warmen Ort aufgehen.
6. Heize deinen Ofen auf 180 Grad vor und forme aus dem Teig eine Brotform auf einem mit Backpapier ausgelegten Backblech.
7. Backe dein Brot für etwa 40 Minuten im vorgeheizten Ofen, bis es schön gebräunt und durchgebacken ist. Du kannst dies testen, indem du mit einem Holzspieß in das Brot stichst - wenn kein Teig am Spieß klebt, ist das Brot fertig.
8. Lass dein frisch gebackenes Brot auf einem Rost abkühlen, bevor du es anschneidest und genießt.

Rote-Linsen-Brot mit Kurkuma

Zubereitungszeit: 15 Minuten + 60 Minuten Backzeit
Portionen: 1 Brot

Zutaten:

- 200 g rote Linsen, trocken
- 200 g Dinkelvollkornmehl
- 1 EL Backpulver
- 1 TL Salz
- 1 TL Kurkuma, gemahlen
- 1 TL Kreuzkümmel, gemahlen
- 200 ml Wasser
- 2 EL Sonnenblumenkerne
- 1 EL Sesam, ungeschält

Zubereitung:

1. Heize deinen Ofen auf 200 Grad vor.
2. Die roten Linsen werden zuerst in einem Sieb unter fließendem Wasser abgespült und anschließend in einem mittelgroßen Topf mit 400 ml Wasser zum Kochen gebracht. Lasse sie dann auf mittlerer Hitze 10-15 Minuten köcheln, bis sie weich sind.
3. Während die Linsen kochen, vermische in einer großen Schüssel das Dinkelvollkornmehl, Backpulver, Salz, Kurkuma und Kreuzkümmel miteinander.
4. Sobald die Linsen gar sind, gieße das überschüssige Wasser ab und püriere sie mit einem Stabmixer zu einem feinen Brei.
5. Füge den Linsenbrei zu den trockenen Zutaten in der Schüssel hinzu und gib das Wasser dazu. Vermische alles gut miteinander, bis ein gleichmäßiger Teig entsteht.
6. Lege eine kleine Backform (ca. 20 cm Durchmesser) mit Backpapier aus und fülle den Teig hinein. Streue die Sonnenblumenkerne und den Sesam über den Teig und drücke sie leicht mit der Rückseite eines Löffels ein.
7. Backe das Brot im vorgeheizten Ofen für etwa 60 Minuten, oder bis es eine schöne goldbraune Kruste hat und beim Klopfen auf die Unterseite hohl klingt.
8. Lasse das Brot kurz abkühlen, bevor du es aus der Form nimmst und auf einem Gitter vollständig auskühlen lässt.

Schwarzes Brot mit Aktivkohle

Zubereitungszeit: 20 Minuten + 60 Minuten Backzeit + 1 Stunde Gehzeit
Portionen: 1 Brot

Zutaten:

- 250 g Vollkornmehl
- 150 g Weizenmehl Type 550
- 2 TL Aktivkohle, pulverisiert
- 1 TL Trockenhefe
- 1 TL Salz
- 1 EL Sonnenblumenöl
- 240 ml lauwarmes Wasser
- Einige Sonnenblumenkerne für die Dekoration

Zubereitung:

1. Du beginnst damit, die Trockenhefe in das lauwarme Wasser zu geben und rührst diese um, bis sie sich vollständig aufgelöst hat. Lass diese Mischung etwa 10 Minuten stehen, bis sich Schaum bildet.
2. In einer großen Schüssel mischst du das Vollkornmehl, das Weizenmehl und die Aktivkohle zusammen. Du gibst dann das Salz hinzu und rührst die trockenen Zutaten gut durch.
3. Nun gießt du die Hefe-Wasser-Mischung und das Sonnenblumenöl in die Schüssel zu den trockenen Zutaten. Du knetest den Teig gut durch, bis er geschmeidig und elastisch ist.
4. Du bedeckst die Schüssel mit einem feuchten Tuch und lässt den Teig an einem warmen Ort etwa 1 Stunde gehen, bis er sich verdoppelt hat.
5. Nachdem der Teig aufgegangen ist, knetest du ihn noch einmal durch und formst ihn zu einem Brotlaib. Den Laib legst du auf ein mit Backpapier ausgelegtes Backblech.
6. Du heizt den Ofen auf 200 Grad vor. Während der Ofen vorheizt, streust du einige Sonnenblumenkerne über den Brotlaib.
7. Wenn der Ofen heiß genug ist, schiebst du das Brot hinein und backst es für etwa 60 Minuten. Um zu überprüfen, ob das Brot fertig ist, klopfst du auf die Unterseite des Brotes. Wenn es hohl klingt, ist es fertig.
8. Du lässt das Brot vor dem Anschneiden mindestens 10 Minuten abkühlen.

Körnerbrot mit Leinsamen und Sonnenblumenkernen

Zubereitungszeit: 15 Minuten + 90 Minuten Gehzeit + 45 Minuten Backzeit
Portionen: 1 Brot

Zutaten:

- 200 g Weizenmehl Type 1050
- 100 g Vollkornmehl
- 50 g Sonnenblumenkerne
- 30 g Leinsamen
- 7 g Trockenhefe
- 1 TL Salz
- 1 TL Zucker
- 250 ml warmes Wasser

Zubereitung:

1. Zuerst das Weizenmehl und Vollkornmehl in eine große Schüssel geben. Die Sonnenblumenkerne und Leinsamen hinzufügen und alles gut vermischen.
2. In einer separaten Schüssel die Trockenhefe mit Zucker in warmem Wasser auflösen und für etwa 5 Minuten stehen lassen, bis die Hefe aktiviert ist.
3. Das Hefegemisch zur Mehlmischung hinzufügen. Mit einem Holzlöffel oder deinen Händen alles gut vermischen, bis ein klebriger Teig entsteht.
4. Den Teig abdecken und an einem warmen Ort für 90 Minuten aufgehen lassen, bis sich das Volumen ungefähr verdoppelt hat.
5. Nach der Gehzeit den Teig noch einmal kurz durchkneten und in eine geeignete Brotbackform legen.
6. Den Ofen auf 200 Grad vorheizen. Das Brot darin für 45 Minuten backen, bis es eine goldbraune Farbe hat und beim Klopfen auf die Unterseite hohl klingt.
7. Das Brot aus dem Ofen nehmen und auf einem Rost vollständig abkühlen lassen, bevor du es anschneidest.

Sojabrot mit Olivenöl

Zubereitungszeit: 10 Minuten + 30 Minuten Ruhezeit + 40 Minuten Backzeit
Portionen: 1 Brot

Zutaten:

- 200 g Vollkornmehl
- 50 g Sojamehl
- 1 TL Trockenhefe
- 1 TL Salz
- 1 TL Zucker
- 125 ml lauwarmes Wasser
- 2 EL natives Olivenöl extra + etwas zum Bestreichen
- 1 EL Sonnenblumenkerne

Zubereitung:

1. Vermische zuerst das Vollkornmehl und Sojamehl in einer großen Schüssel.
2. Füge die Trockenhefe, das Salz und den Zucker hinzu und rühre alles gut durch.
3. Gieße das lauwarme Wasser und 2 EL Olivenöl in die Schüsselmischung. Arbeite alles mit den Händen zu einem geschmeidigen Teig. Sollte der Teig zu trocken sein, füge ein wenig mehr Wasser hinzu. Ist er zu klebrig, gib etwas mehr Mehl dazu.
4. Decke die Schüssel mit einem sauberen Küchentuch ab und lass den Teig an einem warmen Ort für etwa 30 Minuten ruhen. Er sollte sich in dieser Zeit ungefähr verdoppeln.
5. Heize deinen Backofen auf 200 Grad vor. Forme aus dem aufgegangenen Teig eine Kugel und lege sie auf ein mit Backpapier belegtes Backblech.
6. Bestreiche die Oberfläche des Brotes mit etwas Olivenöl und bestreue sie mit den Sonnenblumenkernen.
7. Backe das Brot im vorgeheizten Ofen für etwa 40 Minuten. Du kannst überprüfen, ob das Brot fertig ist, indem du mit einem Holzstäbchen in die Mitte stichst. Wenn es sauber herauskommt, ist das Brot fertig.
8. Lass dein frisch gebackenes Sojabrot auf einem Gitter abkühlen, bevor du es aufschneidest und genießt.

Süßes Kürbisbrot mit Zimt

Zubereitungszeit: 15 Minuten + 60 Minuten Backen
Portionen: 1 Brot

Zutaten:

- 150 g Kürbis, geschält und gewürfelt
- 200 g Weizenmehl Type 550
- 50 g Vollkornmehl
- 1 TL Backpulver
- 1 TL Natron
- 2 TL Zimt, gemahlen
- 50 ml Ahornsirup
- 50 ml natives Olivenöl extra
- 1 EL Leinsamen, geschrotet
- 3 EL Wasser
- 1 Prise Salz

Zubereitung:

1. Heize deinen Ofen auf 180 Grad vor. Währenddessen kannst du die Kürbiswürfel in einem Topf mit Wasser weich kochen. Dies dauert etwa 10-15 Minuten. Lass den Kürbis abtropfen und abkühlen.
2. Während der Kürbis kocht, kannst du die Leinsamen mit Wasser in einer kleinen Schüssel vermischen und beiseite stellen. Dies wird als Ei-Ersatz verwendet.
3. Vermische in einer großen Schüssel das Weizenmehl, Vollkornmehl, Backpulver, Natron, Zimt und Salz.
4. In einer anderen Schüssel zerdrückst du den abgekühlten Kürbis mit einer Gabel zu einem Brei. Gib den Ahornsirup, das Olivenöl und die Leinsamen-Wasser-Mischung dazu und verrühre alles gut miteinander.
5. Nun gib die flüssige Mischung zu den trockenen Zutaten und vermische alles sorgfältig. Es sollte ein geschmeidiger Teig entstehen.
6. Lege eine kleine Kastenform mit Backpapier aus und gib den Teig hinein. Glätte die Oberfläche mit einem Löffel und backe das Brot im vorgeheizten Ofen für etwa 60 Minuten.
7. Nach der Backzeit kannst du das Brot aus dem Ofen nehmen und in der Form etwas abkühlen lassen, bevor du es herausholst und komplett auskühlen lässt.

Roggenbrot mit Rosinen

Zubereitungszeit: 15 Minuten + 2 Stunden Gehzeit + 45 Minuten Backzeit
Portionen: 1 Brot

Zutaten:

- 150 g Roggenmehl Type 1150
- 100 g Weizenmehl Type 1050
- 10 g frische Hefe
- 1 TL Salz
- 1 TL Zucker
- 180 ml warmes Wasser
- 50 g Rosinen

Zubereitung:

1. Zunächst die Hefe mit dem Zucker in 50 ml des warmen Wassers auflösen und etwa 10 Minuten ruhen lassen, bis es schäumt.
2. In der Zwischenzeit die Rosinen abspülen und trocken tupfen.
3. Die beiden Mehlsorten in einer großen Schüssel vermischen und eine Mulde in der Mitte bilden. Das Salz am Rand des Mehls verteilen.
4. Das Hefe-Wasser-Gemisch und die restlichen 130 ml warmes Wasser in die Mehlmulde gießen. Die Rosinen hinzufügen.
5. Mit den Händen oder einem Knethaken alles zu einem gleichmäßigen Teig verarbeiten. Wenn der Teig zu klebrig ist, ein wenig mehr Mehl hinzufügen. Wenn er zu trocken ist, etwas mehr Wasser hinzugeben.
6. Den Teig abdecken und an einem warmen Ort etwa 2 Stunden gehen lassen, bis er sich verdoppelt hat.
7. Den Ofen auf 200 Grad vorheizen. Den Teig nochmals kurz durchkneten und in eine gefettete Brotform geben.
8. Das Brot etwa 45 Minuten backen, bis es eine schöne, braune Kruste hat und hohl klingt, wenn man darauf klopft.
9. Das Brot aus dem Ofen nehmen und auf einem Gitter abkühlen lassen, bevor du es anschneidest.

Low-Carb Brote

Nussbrot mit Walnüssen und Mandeln

Zubereitungszeit: 15 Minuten + 40 Minuten Backzeit
Portionen: 1 Brot

Zutaten:

- 100 g Walnüsse, grob gehackt
- 50 g Mandeln, grob gehackt
- 75 g Leinsamen, ganz
- 125 g Sonnenblumenkerne
- 50 g Kokosmehl
- 30 g Sojamehl
- 1/2 TL Natron
- 1 TL Salz
- 3 Bio-Eier
- 100 ml Wasser

Zubereitung:

1. Heize deinen Backofen auf 180 Grad vor und lege eine kleine Brotbackform mit Backpapier aus.
2. In einer großen Schüssel mischst du die gehackten Walnüsse und Mandeln, die Leinsamen und die Sonnenblumenkerne zusammen. Dann gibst du das Kokosmehl, das Sojamehl, das Natron und das Salz hinzu und vermengst alles gut miteinander.
3. In einer separaten Schüssel schlägst du die Eier auf und gibst das Wasser hinzu. Vermische alles gut, bis eine einheitliche Flüssigkeit entsteht.
4. Gieße nun die Eier-Wasser-Mischung in die Schüssel mit den trockenen Zutaten. Rühre alles gut durch, bis ein gleichmäßiger Teig entsteht.
5. Fülle den Teig in die vorbereitete Backform und streiche ihn glatt.
6. Backe das Brot für 40 Minuten im vorgeheizten Backofen, bis es goldbraun ist und sich fest anfühlt.
7. Lass das Brot vor dem Anschneiden einige Minuten abkühlen.

Leinsamenbrot mit Kernen

Zubereitungszeit: 15 Minuten + 60 Minuten Backzeit
Portionen: 1 Brot

Zutaten:

- 75 g Leinsamen, gemahlen
- 50 g Sonnenblumenkerne, geröstet
- 50 g Kürbiskerne, geröstet
- 50 g Mandelmehl
- 25 g Chiasamen
- 1/2 TL Backpulver
- 1/4 TL Salz
- 2 Bio-Eier
- 125 ml Wasser
- 1 EL Apfelessig

Zubereitung:

1. Heize deinen Backofen auf 175 Grad vor. Lege eine kleine Brotbackform (ca. 21cm x 11cm) mit Backpapier aus.
2. In einer mittelgroßen Schüssel mischst du die gemahlenen Leinsamen, die Sonnenblumenkerne, Kürbiskerne, das Mandelmehl, die Chiasamen, das Backpulver und das Salz zusammen.
3. In einer anderen Schüssel schlägst du die Eier auf und verquirlst sie mit dem Wasser und dem Apfelessig.
4. Füge nun die trockenen Zutaten zu den verquirlten Eiern hinzu und rühre gut um, bis ein homogener Teig entsteht.
5. Fülle den Teig in die vorbereitete Backform und glätte die Oberfläche mit einem Spatel.
6. Backe das Brot im vorgeheizten Ofen für etwa 60 Minuten oder bis es fest ist und eine goldbraune Farbe hat.
7. Nimm das Brot aus dem Ofen und lass es auf einem Gitter vollständig abkühlen, bevor du es in Scheiben schneidest.

Käsebrot mit Kräutern

Zubereitungszeit: 15 Minuten + 40 Minuten Backzeit
Portionen: 1 Brot

Zutaten:

- 100 g Mandelmehl
- 30 g Leinsamen, fein gemahlen
- 1 TL Backpulver
- 1 Prise Salz
- 2 Bio-Eier
- 50 ml Wasser
- 50 g Gouda, fein gerieben
- 1 EL gehackte Petersilie
- 1 EL gehackter Schnittlauch

Zubereitung:

1. Heize deinen Backofen auf 180 Grad vor.
2. In einer Schüssel mische das Mandelmehl, die fein gemahlenen Leinsamen, das Backpulver und Salz zusammen.
3. Schlage die Eier in die Schüssel und gib das Wasser dazu. Rühre alles gut durch, bis eine gleichmäßige Masse entsteht.
4. Gib nun den geriebenen Gouda und die gehackten Kräuter hinzu und rühre erneut alles gut durch.
5. Forme aus dem Teig eine Brotform und lege diese auf ein mit Backpapier ausgelegtes Backblech.
6. Backe dein Käsebrot im vorgeheizten Backofen für etwa 40 Minuten, bis es eine schöne goldbraune Farbe hat. Achte darauf, dass es nicht verbrennt!
7. Lasse dein Brot einige Minuten abkühlen, bevor du es in Scheiben schneidest und genießt.

Zucchini-Käse-Brot

Zubereitungszeit: 15 Minuten + 40 Minuten Backzeit
Portionen: 1 Brot

Zutaten:

- 100 g Zucchini, frisch und fein gerieben
- 150 g Vollkornmehl
- 50 g Mandelmehl
- 1 EL Backpulver
- 1/2 TL Salz
- 2 Bio-Eier
- 100 g Gouda, gerieben
- 1 EL natives Olivenöl extra
- 2 EL Sonnenblumenkerne

Zubereitung:

1. Heize den Backofen auf 180 Grad vor.
2. Lege eine Brotbackform mit Backpapier aus.
3. Drücke die geriebene Zucchini in einem Sieb oder mit den Händen gut aus, um überschüssige Flüssigkeit zu entfernen.
4. In einer Schüssel vermischt du das Vollkornmehl, Mandelmehl, Backpulver und Salz miteinander.
5. Schlage die Eier in einer separaten Schüssel auf und verquirle sie mit dem Olivenöl. Gib dann die Zucchini und den geriebenen Gouda hinzu und vermische alles gut miteinander.
6. Füge nun die trockenen Zutaten hinzu und rühre alles zu einem gleichmäßigen Teig.
7. Gieße den Teig in die vorbereitete Brotform. Streue die Sonnenblumenkerne über den Teig.
8. Backe das Brot für etwa 40 Minuten im vorgeheizten Ofen. Prüfe mit einem Holzstäbchen, ob das Brot durchgebacken ist - wenn kein Teig mehr am Stäbchen klebt, ist das Brot fertig.
9. Lass das Brot vor dem Anschneiden kurz abkühlen.

Thunfischbrot mit Chia-Samen

Zubereitungszeit: 15 Minuten + 30 Minuten Ruhezeit
Portionen: 1 Brot

Zutaten:

- 200 g Thunfisch in Wasser, abgetropft
- 100 g Mandelmehl
- 50 g Chia-Samen
- 3 Bio-Eier
- 1 TL Backpulver
- 1 EL natives Olivenöl extra
- Salz und Pfeffer nach Geschmack

Zubereitung:

1. Den Ofen auf 180 Grad vorheizen.
2. Den abgetropften Thunfisch mit einer Gabel gut zerdrücken, bis er fast wie Püree aussieht.
3. In einer Schüssel Mandelmehl, Chia-Samen und Backpulver vermischen.
4. Eier, zerdrückten Thunfisch und Olivenöl zur Mehlmischung geben. Alles gut vermischen, bis ein homogener Teig entsteht.
5. Mit Salz und Pfeffer abschmecken.
6. Den Teig in eine mit Backpapier ausgelegte Kastenform geben und glatt streichen.
7. Das Brot für 30 Minuten im vorgeheizten Ofen backen. Anschließend auf einem Kuchengitter abkühlen lassen, bevor du es in Scheiben schneidest.

Eiweißbrot mit Quark

Zubereitungszeit: 15 Minuten + 50 Minuten Backzeit
Portionen: 1 Brot

Zutaten:

- 100 g Quark, cremig
- 150 g Leinsamenmehl
- 50 g Mandelmehl
- 3 Eiweiß von mittelgroßen Bio-Eiern
- 1 TL Backpulver
- 1 EL Chiasamen
- 1 EL Kürbiskerne, fein gehackt
- 1 EL Sonnenblumenkerne, fein gehackt
- 1/2 TL Salz
- Optional: Einige Sesamkörner zum Bestreuen

Zubereitung:

1. Heize den Backofen auf 180 Grad vor und lege eine kleine Kastenform (ca. 20 cm) mit Backpapier aus.
2. Vermische in einer mittelgroßen Schüssel Leinsamenmehl, Mandelmehl, Backpulver und Salz.
3. In einer separaten Schüssel schlage die Eiweiße leicht auf, bis sie schaumig sind. Gib den Quark dazu und rühre alles gut durch.
4. Füge die Quark-Eiweiß-Mischung zu den trockenen Zutaten hinzu und rühre alles gut um.
5. Gib die Chiasamen sowie Kürbis- und Sonnenblumenkerne in den Teig und rühre noch einmal gründlich durch.
6. Gib den Teig in die vorbereitete Kastenform. Bestreue die Oberfläche des Brotes nach Belieben mit Sesamkörnern.
7. Backe das Brot für etwa 50 Minuten im vorgeheizten Ofen. Das Brot ist fertig, wenn es goldbraun ist und beim Klopfen auf die Unterseite hohl klingt.
8. Nimm das Brot aus dem Ofen und lass es auf einem Gitter komplett abkühlen, bevor du es anschneidest.

Mandelbrot mit Olivenöl

Zubereitungszeit: 15 Minuten + 30 Minuten Backzeit
Portionen: 1 Brot

Zutaten:

- 175 g Mandelmehl
- 1 TL Salz
- 1 TL Backpulver
- 3 EL natives Olivenöl extra
- 2 Bio-Eier
- 1 EL Honig

Zubereitung:

1. Heize den Backofen auf 180 Grad vor. Nimm dir eine kleine Backform, etwa 20 cm lang, und lege sie mit Backpapier aus.
2. In einer mittelgroßen Schüssel mischst du das Mandelmehl, Salz und Backpulver zusammen.
3. In einer zweiten Schüssel schlägst du die Eier auf und gibst das Olivenöl sowie den Honig dazu. Verquirle alles gut miteinander.
4. Füge nun die feuchten Zutaten zu den trockenen und rühre den Teig um, bis alle Zutaten gut vermischt sind.
5. Gib den Teig in die vorbereitete Backform und streiche ihn mit einem Spatel glatt.
6. Backe das Brot für ca. 30 Minuten, oder bis die Oberfläche goldbraun ist und ein Zahnstocher, der in die Mitte gesteckt wird, sauber herauskommt.
7. Lass das Brot ein paar Minuten in der Form abkühlen, bevor du es auf ein Kuchengitter stürzt, um es vollständig abkühlen zu lassen.

Kokosbrot mit Himbeeren

Zubereitungszeit: 15 Minuten + 40 Minuten Backzeit
Portionen: 1 Brot

Zutaten:

- 80 g Kokosmehl
- 60 g Mandelmehl
- 30 g Leinsamenmehl
- 3 EL ungesüßte Kokosraspeln
- 1 TL Backpulver
- Eine Prise Salz
- 3 Bio-Eier, auf Raumtemperatur gebracht
- 60 ml Kokosöl, geschmolzen
- 200 ml ungesüßte Mandelmilch
- 50 g Himbeeren, gewaschen und halbiert

Zubereitung:

1. Heize deinen Ofen auf 180 Grad vor und lege eine Brotform mit Backpapier aus.
2. In einer großen Schüssel mische Kokosmehl, Mandelmehl, Leinsamenmehl, Kokosraspeln, Backpulver und Salz.
3. In einer anderen Schüssel verquirlst du die Eier, das geschmolzene Kokosöl und die Mandelmilch.
4. Vermische nun die trockenen und flüssigen Zutaten. Rühre sie zusammen, bis du eine gleichmäßige Mischung erhältst.
5. Füge vorsichtig die Himbeeren hinzu und rühre sie sanft in den Teig ein.
6. Gieße den Teig in die vorbereitete Brotform und glätte die Oberfläche mit einem Löffel.
7. Backe das Brot im vorgeheizten Ofen für etwa 40 Minuten. Du weißt, dass es fertig ist, wenn ein Zahnstocher, den du in die Mitte steckst, sauber herauskommt.
8. Lass das Brot etwa 10 Minuten in der Form abkühlen, bevor du es herausnimmst. Dann lass es auf einem Kuchengitter vollständig abkühlen.
9. Schneide das Brot in Scheiben und genieße es frisch oder getoastet mit deinem Lieblingsaufstrich.

Sesam-Knoblauch-Brot

Zubereitungszeit: 10 Minuten + 35 Minuten Backzeit
Portionen: 1 Brot

Zutaten:

- 80 g Mandelmehl
- 20 g Leinsamenmehl
- 1 EL Sesam
- 1 Knoblauchzehe, fein gehackt
- 1 TL Backpulver
- 1/4 TL Salz
- 2 Bio-Eier
- 30 ml natives Olivenöl extra
- 20 ml Wasser

Zubereitung:

1. Heize deinen Backofen auf 180 Grad vor. Lege eine kleine Brotform mit Backpapier aus.
2. Vermische das Mandelmehl, Leinsamenmehl, Backpulver und Salz in einer Schüssel.
3. Gib den gehackten Knoblauch und den Sesam hinzu und rühre alles gut durch.
4. Schlage die Eier in einer anderen Schüssel auf, gib das Olivenöl und Wasser hinzu und verquirle alles gründlich.
5. Gib nun die trockenen Zutaten zu den flüssigen und verrühre alles zu einem gleichmäßigen Teig.
6. Fülle den Teig in die vorbereitete Brotform und streiche die Oberfläche glatt.
7. Backe das Brot für etwa 35 Minuten im Ofen, bis es goldbraun ist und beim Klopfen auf die Unterseite hohl klingt.
8. Lass dein Brot vor dem Anschneiden auf einem Kuchengitter etwas abkühlen.

Avocado-Eiweiß-Brot

Zubereitungszeit: 10 Minuten + 40 Minuten Backzeit
Portionen: 1 Brot

Zutaten:

- 100 g Avocado, entkernt und gepellt
- 5 Eiweiß von mittelgroßen Bio-Eiern
- 60 g Mandelmehl
- 40 g Leinsamenmehl
- 1 TL Backpulver
- 1 Prise Salz
- 1 EL natives Olivenöl extra
- 1 EL Chiasamen

Zubereitung:

1. Heize deinen Ofen auf 180 Grad vor.
2. Nimm die Avocado und püriere sie mit einem Stabmixer oder in einer Küchenmaschine zu einer glatten Masse.
3. Füge das Eiweiß hinzu und mische es gut mit der Avocadomasse.
4. In einer separaten Schüssel vermische Mandelmehl, Leinsamenmehl, Backpulver und Salz.
5. Füge nun die trockenen Zutaten zur Avocado-Eiweiß-Mischung hinzu. Mische alles gründlich, bis du einen homogenen Teig erhältst.
6. Gib das Olivenöl und die Chiasamen hinzu und rühre nochmals gut um, damit die Samen gleichmäßig im Teig verteilt sind.
7. Lege eine kleine Backform (z.B. eine Kastenform) mit Backpapier aus und fülle den Teig hinein. Glätte die Oberfläche mit einem Löffel.
8. Backe das Brot für etwa 40 Minuten oder bis es goldbraun ist und ein in das Brot gestochenes Holzstäbchen sauber herauskommt.
9. Lasse dein Brot einige Minuten in der Form abkühlen, bevor du es herausnimmst und vollständig abkühlen lässt.

Proteinreiches Hüttenkäse-Brot

Zubereitungszeit: 10 Minuten + 45 Minuten Backzeit + 5 Minuten Ruhezeit
Portionen: 1 Brot

Zutaten:

- 100 g Hüttenkäse, gut abgetropft
- 50 g Mandelmehl
- 50 g Leinsamenmehl
- 20 g Sonnenblumenkerne
- 1 TL Natron
- 1 EL natives Olivenöl extra
- 2 Bio-Eier, verquirlt
- 1 Prise Meersalz
- 1 TL Apfelessig
- 1 EL Chiasamen

Zubereitung:

1. Heize den Ofen auf 180 Grad vor und lege eine kleine Brotform mit Backpapier aus.
2. In einer Schüssel vermische den Hüttenkäse, Mandelmehl, Leinsamenmehl, Sonnenblumenkerne, Natron, Olivenöl, Eier, Salz und Apfelessig. Mische alles gründlich zusammen.
3. Gib die Chiasamen dazu und lass den Teig etwa 5 Minuten ruhen, damit die Chiasamen quellen können.
4. Forme den Teig zu einer Kugel und platziere sie in der vorbereiteten Brotform.
5. Backe das Brot im vorgeheizten Ofen für etwa 45 Minuten oder bis es golden und fest ist.
6. Nimm das Brot aus dem Ofen und lass es etwas abkühlen, bevor du es aus der Form nimmst.
7. Schneide das Brot in Scheiben und genieße es frisch oder leicht getoastet.

Kürbiskernbrot mit Leinsamen

Zubereitungszeit: 10 Minuten + 45 Minuten Backzeit
Portionen: 1 Brot

Zutaten:

- 100 g Vollkornmehl
- 50 g Mandelmehl
- 30 g Kürbiskerne, grob gehackt
- 20 g Leinsamen, ganz
- 1 EL Chiasamen
- 1 TL Backpulver
- 1/2 TL Salz
- 1 Bio-Ei
- 50 ml Wasser
- 50 ml Milch
- 2 EL natives Olivenöl extra

Zubereitung:

1. Heize deinen Backofen auf 180 Grad vor.
2. In einer Schüssel vermischt du das Vollkornmehl, das Mandelmehl, die Kürbiskerne, die Leinsamen, die Chiasamen, das Backpulver und das Salz.
3. In einer anderen Schüssel schlägst du das Ei auf und fügst das Wasser, die Milch und das Olivenöl hinzu. Verrühre alles gut miteinander.
4. Gib nun die trockenen Zutaten zu den feuchten und rühre alles zu einem glatten Teig.
5. Forme aus dem Teig ein kleines Brot und lege es auf ein mit Backpapier ausgelegtes Backblech.
6. Backe dein Brot für etwa 45 Minuten im vorgeheizten Backofen.
7. Lasse das Brot vor dem Schneiden einige Minuten abkühlen.

Chia-Quinoa-Brot

Zubereitungszeit: 15 Minuten + 45 Minuten Backzeit
Portionen: 1 Brot

Zutaten:

- 50 g Quinoa, vorgekocht und abgekühlt
- 20 g Chiasamen, eingeweicht in 60 ml Wasser für 10 Minuten
- 40 g Leinsamenmehl
- 1 TL Backpulver
- 1 EL natives Olivenöl extra
- 1 EL Apfelessig
- Eine Prise Salz

Zubereitung:

1. Heize den Ofen auf 180 Grad vor und lege eine kleine Brotform mit Backpapier aus.
2. In einer Schüssel vermischst du das Leinsamenmehl mit dem Backpulver und Salz.
3. Gib die eingeweichten Chiasamen, das vorgekochte Quinoa, Olivenöl und den Apfelessig in die Schüssel und vermische alles gründlich. Du kannst dafür einen Löffel oder die Hände benutzen, aber achte darauf, dass alle Zutaten gut miteinander vermischt sind.
4. Fülle den Teig in die vorbereitete Brotform und verteile ihn gleichmäßig.
5. Backe das Brot im vorgeheizten Ofen für etwa 45 Minuten. Du weißt, dass es fertig ist, wenn es eine schöne goldbraune Farbe hat und beim Klopfen auf die Unterseite hohl klingt.
6. Nimm das Brot aus dem Ofen und lasse es für mindestens 15 Minuten auf einem Kuchengitter abkühlen, bevor du es anschneidest.

Paleo-Brot mit Nüssen

Zubereitungszeit: 15 Minuten + 35 Minuten Backzeit
Portionen: 1 Brot

Zutaten:

- 80 g Mandelmehl
- 30 g Leinsamenmehl
- 20 g Kokosmehl
- 1 TL Backpulver
- Eine Prise Salz
- 2 Bio-Eier, zimmerwarm
- 2 EL Kokosöl, geschmolzen
- 50 g gemischte Nüsse (Mandeln, Haselnüsse, Walnüsse), grob gehackt
- 1 EL Chiasamen
- 1 EL Sonnenblumenkerne

Zubereitung:

1. Heize deinen Ofen auf 180 Grad vor. Lege eine kleine Backform mit Backpapier aus.
2. In einer Schüssel vermische das Mandelmehl, Leinsamenmehl, Kokosmehl, Backpulver und Salz. Mische alles gut durch.
3. Füge die Eier und das geschmolzene Kokosöl hinzu. Rühre alles gut durch, bis ein gleichmäßiger Teig entsteht.
4. Gib die gehackten Nüsse, Chiasamen und Sonnenblumenkerne in den Teig und rühre noch einmal gut durch.
5. Gib den Teig in die vorbereitete Backform und glätte die Oberfläche mit einem Spatel.
6. Backe das Brot im vorgeheizten Ofen für etwa 35 Minuten oder bis es goldbraun und durchgebacken ist. Du kannst dies testen, indem du mit einem Zahnstocher in die Mitte des Brotes steckst - wenn er sauber herauskommt, ist das Brot fertig.
7. Lasse das Brot vor dem Anschneiden ein paar Minuten auf einem Kuchengitter abkühlen.

Spinat-Feta-Brot

Zubereitungszeit: 15 Minuten + 30 Minuten Backzeit
Portionen: 1 Brot

Zutaten:

- 75 g frischer Spinat, gewaschen und grob gehackt
- 50 g Feta-Käse, zerbröckelt
- 120 g Mandelmehl
- 30 g Leinsamenmehl
- 1 TL Backpulver
- 1/4 TL Salz
- 2 Bio-Eier, geschlagen
- 2 EL natives Olivenöl extra

Zubereitung:

1. Heize den Ofen auf 180 Grad vor und bereite eine kleine Backform vor, indem du sie mit etwas Olivenöl einfettest.
2. In einer großen Schüssel vermische das Mandelmehl, Leinsamenmehl, Backpulver und Salz.
3. Füge die geschlagenen Eier und das Olivenöl hinzu und rühre alles gut um, bis ein gleichmäßiger Teig entsteht.
4. Füge den grob gehackten Spinat und den zerbröckelten Feta-Käse hinzu und rühre erneut um, bis die Zutaten gleichmäßig verteilt sind.
5. Gieße den Teig in die vorbereitete Backform und glätte die Oberfläche mit einem Spatel.
6. Backe das Brot im vorgeheizten Ofen für etwa 30 Minuten, bis es fest ist und die Oberfläche leicht gebräunt ist.
7. Lass das Brot einige Minuten abkühlen, bevor du es aus der Form löst.
8. Schneide es in Scheiben und serviere es warm oder bei Raumtemperatur.

Herzhaftes Brot

Schinken-Käse-Brot

Zubereitungszeit: 15 Minuten + 35 Minuten Backzeit + 10 Minuten Ruhezeit
Portionen: 1 Brot

Zutaten:

- 250 g Weizenmehl Type 550
- 1 TL Salz
- 1/2 TL Zucker
- 1 TL Trockenhefe
- 150 ml warmes Wasser
- 75 g gekochter Schinken, gewürfelt
- 50 g Gouda, gerieben
- 1 EL natives Olivenöl extra, zum Bestreichen

Zubereitung:

1. Vermische das Weizenmehl mit Salz und Zucker in einer großen Schüssel.
2. Füge die Trockenhefe hinzu und vermische alles gründlich.
3. Gieße das warme Wasser langsam in die Schüssel und rühre dabei kontinuierlich, bis sich ein glatter Teig bildet.
4. Knete den Teig auf einer bemehlten Arbeitsfläche etwa 5 Minuten, bis er geschmeidig und elastisch ist.
5. Füge den gewürfelten Schinken und geriebenen Gouda hinzu und knete den Teig weiter, bis alles gut verteilt ist.
6. Lege den Teig zurück in die Schüssel, decke ihn mit einem sauberen Tuch ab und lasse ihn an einem warmen Ort etwa 10 Minuten ruhen.
7. Heize in der Zwischenzeit den Backofen auf 200 Grad vor.
8. Forme den Teig zu einem Brotlaib und platziere ihn auf einem mit Backpapier ausgelegten Backblech.
9. Bestreiche das Brot mit dem Olivenöl.
10. Backe das Brot im vorgeheizten Backofen für etwa 35 Minuten, bis es goldbraun und knusprig ist. Lasse es auf einem Gitter abkühlen, bevor du es aufschneidest.

Oliven-Rosmarin-Brot

Zubereitungszeit: 15 Minuten + 1 Stunde Ruhezeit + 30-35 Minuten Backzeit
Portionen: 1 Brot

Zutaten:

- 250 g Weizenmehl Type 550
- 1 TL Salz
- 1/2 Päckchen Trockenhefe (ca. 3,5 g)
- 1 EL natives Olivenöl extra
- 160 ml warmes Wasser
- 50 g schwarze Oliven, entsteint und fein gehackt
- 2 EL frischer Rosmarin, fein gehackt

Zubereitung:

1. Mische in einer großen Schüssel das Mehl und das Salz zusammen. Mache in der Mitte eine Mulde.
2. In einem kleinen Topf erwärme das Wasser leicht, so dass es lauwarm ist. Füge die Hefe und das Olivenöl hinzu und verrühre alles, bis sich die Hefe aufgelöst hat. Gieße diese Mischung in die Mulde des Mehls.
3. Beginne das Mehl langsam in die flüssige Mischung zu rühren. Knete den Teig mit den Händen, bis er glatt und elastisch ist. Dies sollte etwa 10 Minuten dauern.
4. Füge die gehackten Oliven und den Rosmarin zum Teig hinzu und knete weiter, bis alles gut eingearbeitet ist.
5. Lege den Teig in eine leicht geölte Schüssel, decke ihn ab und lasse ihn an einem warmen Ort für etwa 1 Stunde ruhen, bis er sich verdoppelt hat.
6. Nachdem der Teig aufgegangen ist, forme ihn zu einem runden Laib und lege ihn auf ein mit Backpapier ausgelegtes Backblech.
7. Heize den Ofen auf 200 Grad vor. Backe das Brot für etwa 30-35 Minuten, oder bis es goldbraun und beim Klopfen auf die Unterseite hohl klingt.
8. Lasse dein frisch gebackenes Brot auf einem Rost abkühlen, bevor du es in Scheiben schneidest.

Bacon-Zwiebel-Brot

Zubereitungszeit: 15 Minuten + 60 Minuten Backzeit + 45 Minuten Ruhezeit
Portionen: 1 Brot

Zutaten:

- 100 g Weizenmehl Type 550
- 50 g Vollkornmehl
- 1/2 Packung (ca. 3,5 g) Trockenhefe
- 1/2 TL Salz
- 1 TL Zucker
- 60 ml lauwarmes Wasser
- 1 mittelgroße Zwiebel, gewürfelt
- 2 Streifen Bacon, gewürfelt
- 1 EL natives Olivenöl extra

Zubereitung:

1. In einer großen Schüssel das Weizenmehl und Vollkornmehl mischen. Trockenhefe, Salz und Zucker hinzufügen.
2. Langsam das lauwarme Wasser hinzugießen und alles zu einem gleichmäßigen Teig verkneten. Lass den Teig dann abgedeckt an einem warmen Ort für etwa 45 Minuten ruhen.
3. In der Zwischenzeit in einer Pfanne das Olivenöl erhitzen und die gewürfelte Zwiebel und den Bacon darin anbraten, bis sie schön knusprig sind. Dann von der Hitze nehmen und abkühlen lassen.
4. Den aufgegangenen Teig erneut kurz durchkneten und die abgekühlte Bacon-Zwiebel-Mischung einarbeiten. Den Teig dann in eine gefettete Brotform geben.
5. Den Ofen auf 200 Grad vorheizen. Das Brot auf der mittleren Schiene für etwa 60 Minuten backen. Es ist fertig, wenn es beim Klopfen auf die Unterseite hohl klingt.
6. Lass dein frisch gebackenes Brot auf einem Gitter komplett abkühlen, bevor du es anschneidest. Guten Appetit!

Tomaten-Basilikum-Brot

Zubereitungszeit: 15 Minuten + 45 Minuten Backzeit + 1 Stunde Ruhezeit
Portionen: 1 Brot

Zutaten:

- 200 g Weizenmehl Type 550
- 50 g Vollkornmehl
- 1 TL Salz
- 1 TL Trockenhefe
- 160 ml warmes Wasser
- 100 g getrocknete Tomaten, gehackt
- 2 EL frischer Basilikum, fein gehackt
- 1 EL natives Olivenöl extra

Zubereitung:

1. In einer großen Schüssel das Weizenmehl, Vollkornmehl, Salz und Trockenhefe vermischen.
2. Das warme Wasser und das Olivenöl dazugeben und alles zu einem geschmeidigen Teig kneten. Sollte der Teig zu klebrig sein, kannst du etwas mehr Mehl hinzufügen.
3. Die gehackten getrockneten Tomaten und den frischen Basilikum unter den Teig kneten. Weiterkneten, bis alles gut vermischt ist.
4. Den Teig mit einem sauberen Tuch abdecken und an einem warmen Ort für etwa 1 Stunde gehen lassen, bis er sich in der Größe verdoppelt hat.
5. Den Backofen auf 200 Grad vorheizen.
6. Den aufgegangenen Teig nochmals kurz durchkneten und dann zu einem Brotlaib formen. Den Laib auf ein mit Backpapier belegtes Backblech legen.
7. Das Brot im vorgeheizten Ofen etwa 45 Minuten backen, bis es eine goldene Farbe hat und beim Klopfen auf die Unterseite hohl klingt.
8. Das Brot aus dem Ofen nehmen und auf einem Kuchengitter abkühlen lassen, bevor du es schneidest.

Knoblauch-Petersilie-Brot

Zubereitungszeit: 10 Minuten + 35 Minuten Backzeit + 10 Minuten Ruhezeit
Portionen: 1 Brot

Zutaten:

- 150 g Weizenmehl Type 550
- 50 g Vollkornmehl
- 1 TL Salz
- 1 TL Trockenhefe
- 125 ml lauwarmes Wasser
- 1 EL natives Olivenöl extra
- 2 Knoblauchzehen, gehackt
- 2 EL frische Petersilie, gehackt
- 1 EL natives Olivenöl extra zum Bestreichen

Zubereitung:

1. Vermische in einer Schüssel das Weizenmehl und das Vollkornmehl mit dem Salz. Danach füge die Trockenhefe hinzu und rühre alles gut durch.
2. Gib das lauwarme Wasser und das Olivenöl hinzu. Knete alles zu einem geschmeidigen Teig. Sollte der Teig zu klebrig sein, gib noch etwas Mehl hinzu.
3. Lass den Teig in der Schüssel zugedeckt für ca. 10 Minuten ruhen.
4. Währenddessen hacke den Knoblauch und die Petersilie fein und mische sie zusammen.
5. Heize den Ofen auf 200 Grad vor.
6. Knete den Teig nochmals kurz durch und forme ihn zu einem Brotlaib. Lege den Laib auf ein mit Backpapier ausgelegtes Backblech.
7. Bestreiche den Brotlaib mit dem restlichen Olivenöl und bestreue ihn gleichmäßig mit der Knoblauch-Petersilien-Mischung.
8. Backe das Brot für ca. 35 Minuten im Ofen, bis es goldbraun ist.
9. Lass dein frisch gebackenes Brot auf einem Kuchengitter abkühlen, bevor du es in Scheiben schneidest und servierst.

Paprika-Feta-Brot

Zubereitungszeit: 15 Minuten + 60 Minuten Backzeit + 45 Minuten Ruhezeit
Portionen: 1 Brot

Zutaten:

- 250 g Weizenmehl Type 550
- 50 g Roggenmehl Type 997
- 200 ml warmes Wasser
- 1 TL Salz
- 1/2 Würfel frische Hefe (21 g)
- 1 rote Paprika
- 150 g Feta-Käse
- 1 EL natives Olivenöl extra
- 1/2 TL getrockneter Oregano

Zubereitung:

1. Vermische zuerst das Weizenmehl und das Roggenmehl in einer großen Schüssel. Mache in der Mitte eine Mulde und gib dort das Salz und die Hefe hinein.
2. Gieße das warme Wasser in die Mulde und lasse die Hefe etwa 5 Minuten darin auflösen. Dann vermische alles zu einem glatten Teig. Lass den Teig an einem warmen Ort für mindestens 30 Minuten gehen, bis er sich deutlich vergrößert hat.
3. In der Zwischenzeit wasche die Paprika, entferne die Kerne und schneide sie in kleine Würfel. Bröckle den Feta-Käse ebenfalls in kleine Stücke.
4. Nachdem der Teig aufgegangen ist, knete ihn noch einmal kurz durch und füge die Paprikawürfel, den Feta-Käse, das Olivenöl und den Oregano hinzu. Knete den Teig, bis alle Zutaten gut verteilt sind.
5. Forme den Teig zu einem Brotlaib und lege ihn auf ein mit Backpapier ausgelegtes Backblech. Lass das Brot noch einmal 15 Minuten ruhen.
6. Heize den Ofen auf 200 Grad vor und backe das Brot für etwa 60 Minuten. Das Brot ist fertig, wenn es beim Klopfen auf die Unterseite hohl klingt. Lass das Brot auf einem Gitter abkühlen, bevor du es anschneidest.

Zwiebel-Senf-Brot

Zubereitungszeit: 10 Minuten + 30 Minuten Ruhezeit + 35 Minuten Backzeit
Portionen: 1 Brot

Zutaten:

- 250 g Weizenmehl Type 550
- 1 mittelgroße Zwiebel, fein gehackt
- 1 EL grober Senf
- 1 TL Zucker
- 1 TL Salz
- 1 TL Trockenhefe
- 150 ml warmes Wasser
- 2 EL natives Olivenöl extra

Zubereitung:

1. Löse die Trockenhefe mit Zucker in dem warmen Wasser auf und lasse sie für etwa 5 Minuten aktivieren.
2. Vermische das Weizenmehl und das Salz in einer großen Schüssel. Mache in der Mitte eine Vertiefung.
3. Gieße die aktivierte Hefemischung in die Vertiefung des Mehls. Füge auch den groben Senf und das Olivenöl hinzu.
4. Mische alles mit einer Gabel oder deinen Händen, bis du einen Teig erhältst.
5. Gib nun die fein gehackte Zwiebel hinzu und knete den Teig etwa 10 Minuten lang, bis er glatt und elastisch ist. Wenn der Teig zu klebrig ist, füge ein wenig mehr Mehl hinzu, aber sei vorsichtig, nicht zu viel hinzuzufügen.
6. Decke die Schüssel mit einem sauberen Küchentuch ab und lasse den Teig an einem warmen Ort für etwa 30 Minuten ruhen, oder bis er sich verdoppelt hat.
7. Heize den Ofen auf 200 Grad vor. Forme den aufgegangenen Teig zu einer Kugel oder einem länglichen Laib und lege ihn auf ein mit Backpapier belegtes Backblech.
8. Backe das Brot für etwa 35 Minuten, oder bis es oben schön gebräunt ist und hohl klingt, wenn du auf den Boden klopfst.
9. Lasse das Brot auf einem Gitter vollständig abkühlen, bevor du es anschneidest.

Jalapeno-Cheddar-Brot

Zubereitungszeit: 15 Minuten + 35-40 Minuten Backen + 1 Stunde Ruhezeit
Portionen: 1 Brot

Zutaten:

- 150 g Weizenmehl Type 550
- 50 g Vollkornmehl
- 1 TL Trockenhefe
- 1 TL Salz
- 1 EL Zucker
- 120 ml warmes Wasser
- 1 Jalapeno, entkernt und fein gewürfelt
- 75 g Cheddar, gerieben

Zubereitung:

1. Mische die beiden Mehlsorten, die Trockenhefe, das Salz und den Zucker in einer großen Schüssel.
2. Füge langsam das warme Wasser hinzu und rühre, bis du einen gleichmäßigen, aber nicht zu klebrigen Teig erhältst. Du benötigst vielleicht nicht das gesamte Wasser, also sei vorsichtig beim Hinzufügen.
3. Gib die gewürfelte Jalapeno und den geriebenen Cheddar zum Teig hinzu und knete die Zutaten mit den Händen durch, bis sie gut verteilt sind.
4. Decke die Schüssel mit einem sauberen Küchentuch ab und lass den Teig an einem warmen Ort etwa 1 Stunde ruhen, um zu gehen.
5. Heize deinen Ofen auf 200 Grad vor und lege ein Backblech mit Backpapier aus.
6. Forme den aufgegangenen Teig zu einem Laib und lege ihn auf das vorbereitete Backblech.
7. Backe das Brot für etwa 35-40 Minuten, oder bis es auf der Oberseite goldbraun ist und hohl klingt, wenn du auf den Boden klopfst.
8. Lass dein Brot auf einem Gitter komplett abkühlen, bevor du es schneidest und servierst.

Kürbis-Walnuss-Brot

Zubereitungszeit: 15 Minuten + 1 Stunde Ruhezeit + 40-45 Minuten Backzeit
Portionen: 1 Brot

Zutaten:

- 125 g Hokkaidokürbis, geschält und gewürfelt
- 100 g Walnüsse, grob gehackt
- 200 g Weizenmehl Type 550
- 100 g Vollkornmehl
- 1 TL Trockenhefe
- 1 TL Salz
- 2 EL natives Olivenöl extra
- 150 ml warmes Wasser
- 1 EL Honig

Zubereitung:

1. Koche die Kürbiswürfel in einem Topf mit Wasser für etwa 10 Minuten, bis sie weich sind. Abgießen und abkühlen lassen.
2. Während der Kürbis abkühlt, röste die gehackten Walnüsse in einer Pfanne ohne Fett für etwa 3 Minuten, bis sie duften. Lass sie abkühlen.
3. Mische in einer großen Schüssel das Weizenmehl und das Vollkornmehl mit der Trockenhefe und dem Salz.
4. Püriere die abgekühlten Kürbiswürfel in einem Mixer oder mit einem Stabmixer zu einem feinen Püree.
5. Gib das Kürbispüree, das Olivenöl, das warme Wasser und den Honig zur Mehlmischung in die Schüssel. Knete alles zu einem glatten Teig. Decke die Schüssel mit einem sauberen Küchentuch ab und lass den Teig an einem warmen Ort für etwa 1 Stunde gehen.
6. Heize den Backofen auf 200 Grad vor. Forme den Teig zu einem Brotlaib und lege ihn auf ein mit Backpapier ausgelegtes Backblech. Backe das Brot für etwa 40-45 Minuten, bis es goldbraun und knusprig ist.
7. Nimm das Brot aus dem Ofen und lass es auf einem Gitter vollständig auskühlen, bevor du es schneidest.

Chorizo-Käse-Brot

Zubereitungszeit: 15 Minuten + 35 Minuten Backzeit + 10 Minuten Ruhezeit
Portionen: 1 Brot

Zutaten:

- 200 g Weizenmehl Type 550
- 50 g Vollkornmehl
- 1 TL Trockenhefe
- 1 TL Zucker
- 1 TL Salz
- 150 ml warmes Wasser
- 70 g Chorizo, in kleine Würfel geschnitten
- 70 g Emmentaler, gerieben
- 1 EL natives Olivenöl extra

Zubereitung:

1. Nimm eine Schüssel und mische darin das Weizenmehl, Vollkornmehl, die Trockenhefe, den Zucker und das Salz.
2. Füge das warme Wasser hinzu und knete alles gut durch, bis ein gleichmäßiger Teig entsteht. Lasse den Teig abgedeckt an einem warmen Ort für ca. 10 Minuten ruhen.
3. Brate in der Zwischenzeit die Chorizo-Würfel in einer Pfanne ohne Fett an, bis sie knusprig sind. Entferne die Chorizo aus der Pfanne und lasse sie auf einem Küchenpapier abtropfen.
4. Knete die Chorizo und den geriebenen Emmentaler in den Teig ein. Forme den Teig zu einem Brotlaib und bestreiche es mit dem Olivenöl.
5. Heize deinen Backofen auf 200 Grad vor. Lege das Brot auf ein mit Backpapier ausgelegtes Backblech und backe es für etwa 25-30 Minuten, bis es goldbraun und knusprig ist.
6. Nimm das Brot aus dem Ofen und lasse es ein wenig abkühlen, bevor du es in Scheiben schneidest und servierst.

Brote mit Sauerteig

Sauerteigbrot mit Kräutern

Zubereitungszeit: 30 Minuten + 30 Minuten Backzeit + 12 Stunden Ruhezeit
Portionen: 1 Brot

Zutaten:

- 225 g Weizenmehl Type 550
- 75 g Roggenmehl Type 1150
- 1 TL Salz
- 150 g aktiver Sauerteig
- 150 ml lauwarmes Wasser
- 1 EL frisch gehackter Rosmarin
- 1 EL frisch gehackter Thymian
- 1 EL frisch gehackter Oregano

Zubereitung:

1. Zuerst nimmst du eine große Schüssel und gibst das Weizenmehl, das Roggenmehl und das Salz hinein. Du vermischst alles gut miteinander.
2. In einer separaten Schüssel vermischst du den aktiven Sauerteig mit dem lauwarmen Wasser. Rühre die Mischung, bis der Sauerteig sich aufgelöst hat.
3. Gib die Sauerteig-Wasser-Mischung in die Schüssel mit den trockenen Zutaten. Beginne dann, die Zutaten zusammenzukneten, bis sich ein Teig bildet. Dieser Vorgang kann etwa 10 Minuten dauern. Der Teig sollte nicht zu klebrig sein, aber auch nicht zu trocken.
4. Jetzt fügst du die frisch gehackten Kräuter – Rosmarin, Thymian und Oregano – zum Teig hinzu und knetest weiter, bis die Kräuter gleichmäßig im Teig verteilt sind.
5. Decke die Schüssel mit einem feuchten Tuch ab und lasse den Teig an einem warmen Ort für 12 Stunden ruhen. Der Teig sollte sich in dieser Zeit etwa verdoppeln.
6. Nach der Ruhezeit heizt du den Ofen auf 230 Grad vor. Forme den Teig zu einem Brotlaib und lege ihn auf ein Backblech, das mit Backpapier ausgelegt ist.
7. Backe das Brot für etwa 30 Minuten im vorgeheizten Ofen, oder bis es goldbraun ist und beim Klopfen auf die Unterseite hohl klingt.
8. Lasse das Brot auf einem Gitter komplett abkühlen, bevor du es anschneidest.

Buttermilchbrot mit Haferflocken

Zubereitungszeit: 15 Minuten + 1 Stunde Gehzeit + 45 Minuten Backzeit
Portionen: 1 Brot

Zutaten:

- 200 g Weizenmehl Type 550
- 100 g Vollkornmehl
- 50 g Haferflocken
- 200 ml Buttermilch
- 50 g Roggenanstellgut (Sauerteigstarter)
- 1 TL Salz
- 1 TL Zucker
- 1 EL natives Olivenöl extra
- 50 ml Wasser
- 1 TL Trockenhefe

Zubereitung:

1. Starte mit dem Vermischen der trockenen Zutaten. Mische das Weizenmehl, Vollkornmehl, Haferflocken, Salz und Zucker in einer großen Schüssel.
2. In einer zweiten Schüssel rühre die Buttermilch, Wasser, Olivenöl und das Roggenanstellgut zusammen. Gib die Trockenhefe dazu und lass es für etwa 5 Minuten stehen, bis die Hefe zu arbeiten beginnt.
3. Füge die flüssigen Zutaten zu den trockenen Zutaten hinzu. Mische alles gut durch, bis ein klebriger Teig entsteht.
4. Knete den Teig etwa 10 Minuten lang auf einer bemehlten Arbeitsfläche, bis er glatt und elastisch ist.
5. Lege den Teig zurück in die Schüssel, decke sie ab und lass den Teig etwa eine Stunde an einem warmen Ort aufgehen, bis er sich in der Größe verdoppelt hat.
6. Heize den Backofen auf 200 Grad vor. Forme den Teig zu einem Laib und platziere ihn auf ein mit Backpapier ausgelegtes Backblech. Backe das Brot etwa 45 Minuten, oder bis es eine schöne goldbraune Farbe hat und hohl klingt, wenn man auf die Unterseite klopft.
7. Lass das Brot auf einem Rost vollständig abkühlen, bevor du es anschneidest. Guten Appetit!

Roggen-Sauerteigbrot

Zubereitungszeit: 15 Minuten + 8 Stunden Ruhezeit + 45 Minuten Backzeit
Portionen: 1 Brot

Zutaten:

- 200 g Roggenvollkornmehl
- 100 g Weizenmehl Type 1050
- 1 TL Salz
- 1 EL natives Olivenöl extra
- 200 ml lauwarmes Wasser
- 2 EL Roggenanstellgut (Sauerteigstarter)

Zubereitung:

1. Mische das Roggenvollkornmehl mit dem Weizenmehl und dem Salz in einer großen Schüssel.
2. Füge das Roggenanstellgut und das Olivenöl hinzu. Beginne, alles mit einem Holzlöffel zu verrühren, während du langsam das lauwarme Wasser hinzugibst.
3. Knete den Teig mit deinen Händen weiter, bis er glatt und elastisch ist. Wenn der Teig zu trocken ist, gib etwas mehr Wasser hinzu. Ist er zu klebrig, füge ein wenig mehr Mehl hinzu.
4. Decke die Schüssel mit einem sauberen Küchentuch ab und lass den Teig an einem warmen Ort 8 Stunden oder über Nacht ruhen. Der Teig sollte in dieser Zeit auf das Doppelte seiner Größe ansteigen.
5. Heize den Ofen auf 220 Grad vor. Forme den aufgegangenen Teig zu einem Laib und lege ihn auf ein mit Backpapier ausgelegtes Backblech.
6. Backe das Brot 45 Minuten lang im Ofen. Es ist fertig, wenn es eine schöne, goldbraune Kruste hat und hohl klingt, wenn du auf die Unterseite klopfst.
7. Lass das Brot auf einem Gitter vollständig abkühlen, bevor du es schneidest.

Joghurtbrot mit Sesam

Zubereitungszeit: 20 Minuten + 1 Stunde Ruhezeit + 45 Minuten Backzeit
Portionen: 1 Brot

Zutaten:

- 150 g Weizenmehl Type 550
- 50 g Roggenmehl Type 1150
- 1 TL Salz
- 1 TL Zucker
- 100 g Naturjoghurt
- 75 ml warmes Wasser
- 1 TL Trockenhefe
- 2 EL Sesamsamen
- 50 g Sauerteig

Zubereitung:

1. Als erstes mischst du die Mehlsorten, Salz und Zucker in einer großen Schüssel.
2. In einer zweiten Schüssel verrührst du den Naturjoghurt mit dem warmen Wasser. Dann fügst du die Trockenhefe hinzu und lässt das Ganze etwa 10 Minuten stehen, bis die Hefe zu schäumen beginnt.
3. Jetzt gibst du den Sauerteig und die Joghurt-Hefe-Mischung zu den trockenen Zutaten und knetest alles gut durch. Wenn der Teig zu klebrig ist, kannst du noch etwas Mehl hinzufügen.
4. Den Teig lässt du dann abgedeckt an einem warmen Ort für etwa 1 Stunde ruhen, bis er sein Volumen ungefähr verdoppelt hat.
5. Heize den Backofen auf 200 Grad vor.
6. Forme den Teig zu einem kleinen Laib und bestreue ihn mit den Sesamsamen. Dann backst du das Brot auf der mittleren Schiene für etwa 45 Minuten, bis es eine schöne goldbraune Farbe angenommen hat.
7. Lass dein frisch gebackenes Brot auf einem Gitter vollständig abkühlen, bevor du es anschneidest.

Dinkel-Sauerteigbrot

Zubereitungszeit: 20 Minuten + 12 Stunden Ruhezeit + 35 Minuten Backzeit
Portionen: 1 Brot

Zutaten:

- 250 g Dinkelvollkornmehl
- 150 ml warmes Wasser
- 1 TL Salz
- 100 g Dinkelsauerteig

Zubereitung:

1. Nimm eine große Schüssel und mische das Dinkelvollkornmehl mit dem Salz.
2. Füge den Dinkelsauerteig hinzu und beginne langsam, das warme Wasser einzuarbeiten. Rühre alles gut durch, bis du einen homogenen Teig hast. Falls der Teig zu klebrig ist, füge noch ein wenig Mehl hinzu. Sollte er zu trocken sein, gib noch etwas Wasser dazu.
3. Bedecke die Schüssel mit einem feuchten Tuch und lass den Teig an einem warmen Ort für etwa 12 Stunden aufgehen. Der Teig sollte sich in dieser Zeit etwa verdoppeln.
4. Heize deinen Backofen auf 220 Grad vor. Stürze den Teig auf ein mit Backpapier ausgelegtes Backblech und forme ihn zu einem Brotlaib.
5. Backe das Brot für etwa 30-35 Minuten, bis die Kruste schön braun und knusprig ist. Wenn du auf das Brot klopfst und es hohl klingt, ist es fertig gebacken.
6. Lass das Brot auf einem Gitter vollständig auskühlen, bevor du es anschneidest. Guten Appetit!

Krustenbrot mit Quark

Zubereitungszeit: 15 Minuten + 2 Stunden Gehzeit + 35 Minuten Backzeit
Portionen: 1 Brot

Zutaten:

- 200 g Weizenmehl Type 550
- 50 g Roggenmehl Type 1150
- 150 g Quark
- 100 ml warmes Wasser
- 10 g Salz
- 2 TL Sauerteigextrakt
- 2 EL Sonnenblumenkerne
- 2 EL Sesam

Zubereitung:

1. Vermische zuerst das Weizen- und Roggenmehl in einer großen Schüssel.
2. Löse das Salz in dem warmen Wasser auf und gib es zu den Mehlsorten. Mische alles gut durch.
3. Füge nun den Sauerteigextrakt und den Quark hinzu und vermenge alles zu einem homogenen Teig. Knete den Teig für etwa 5 Minuten gut durch.
4. Decke die Schüssel mit einem feuchten Tuch ab und lasse den Teig für 2 Stunden an einem warmen Ort ruhen.
5. Heize den Ofen auf 200 Grad vor und streue die Sonnenblumenkerne und den Sesam auf ein Backblech. Lege den Teig darauf und forme ihn zu einem Laib.
6. Backe das Brot für etwa 35 Minuten, bis die Kruste schön knusprig und goldbraun ist. Du kannst die Garprobe machen, indem du auf die Unterseite des Brotes klopfst - es sollte hohl klingen.
7. Lass das Brot auf einem Gitter vollständig abkühlen, bevor du es anschneidest.

Vollkornbrot mit Kefir

Zubereitungszeit: 20 Minuten + 12 Stunden Ruhezeit + 45 Minuten Backzeit
Portionen: 1 Brot

Zutaten:

- 200 g Vollkornmehl
- 100 g Weizenmehl Type 550
- 50 g Roggenmehl Type 1150
- 1 TL Salz
- 1 EL Honig
- 100 ml Kefir
- 100 ml lauwarmes Wasser
- 2 EL Sauerteig (fertig gekauft oder selbst gemacht)
- 1 TL Trockenhefe

Zubereitung:

1. Mische zuerst Vollkornmehl, Weizenmehl und Roggenmehl in einer großen Schüssel. Füge das Salz hinzu und rühre gut um.
2. In einer separaten Schüssel mische Kefir, lauwarmes Wasser und Honig. Rühre den Sauerteig und die Trockenhefe hinein, bis alles gut vermischt ist.
3. Gib die feuchten Zutaten zu den trockenen Zutaten. Knete den Teig mit den Händen oder einer Küchenmaschine für etwa 10 Minuten, bis er elastisch und nicht mehr klebrig ist.
4. Decke die Schüssel mit einem sauberen Tuch ab und lass den Teig an einem warmen Ort für etwa 2 Stunden gehen, bis er sich in der Größe verdoppelt hat.
5. Knete den Teig nach der Ruhezeit noch einmal kräftig durch und forme ihn zu einem Brotlaib. Lass den Teig noch einmal 30 Minuten gehen.
6. Heize den Ofen auf 200 Grad vor. Backe das Brot für etwa 45 Minuten, bis es eine schöne braune Farbe hat und beim Klopfen auf die Unterseite hohl klingt.
7. Lass das Brot auf einem Rost vollständig abkühlen, bevor du es anschneidest.

Leinsamenbrot mit Joghurt

Zubereitungszeit: 15 Minuten + 30 Minuten Gehzeit + 40 Minuten Backzeit
Portionen: 1 Brot

Zutaten:

- 150 g Vollkornweizenmehl
- 50 g Leinsamen, leicht gemahlen
- 50 ml Naturjoghurt, fettarm
- 1 TL Salz
- 100 ml lauwarmes Wasser
- 50 g aktiver Sauerteig

Zubereitung:

1. Mische in einer großen Schüssel das Vollkornweizenmehl mit den gemahlenen Leinsamen und dem Salz.
2. Gib den Naturjoghurt, das lauwarme Wasser und den aktiven Sauerteig hinzu und vermenge alles gut miteinander. Der Teig sollte eine gleichmäßige Konsistenz haben, nicht zu klebrig und nicht zu trocken.
3. Forme den Teig zu einer Kugel und bedecke die Schüssel mit einem sauberen Küchentuch. Lass den Teig für 30 Minuten an einem warmen Ort gehen.
4. Heize den Backofen auf 220 Grad vor.
5. Lege den Teig auf ein mit Backpapier belegtes Backblech und backe ihn für etwa 40 Minuten, bis er eine schöne goldbraune Farbe angenommen hat und beim Klopfen auf die Unterseite hohl klingt.
6. Lass dein Brot auf einem Gitter vollständig auskühlen, bevor du es anschneidest.

Kürbiskernbrot mit Buttermilch

Zubereitungszeit: 15 Minuten + 1 Stunde Gehzeit + 40 Minuten Backzeit
Portionen: 1 Brot

Zutaten:

- 100 g Kürbiskerne, fein gehackt
- 300 g Weizenmehl Type 550
- 100 g Roggenmehl Type 997
- 100 ml Buttermilch, leicht erwärmt
- 50 g Sauerteig (am besten Roggensauerteig)
- 1 TL Salz
- 200 ml lauwarmes Wasser
- 1 EL Rapsöl

Zubereitung:

1. Nimm eine Schüssel und mische Weizenmehl, Roggenmehl und Salz darin gut durch.
2. Gib die Buttermilch und den Sauerteig hinzu und rühre es vorsichtig in das Mehl ein, bis alles gut vermischt ist.
3. Jetzt fügst du das lauwarme Wasser hinzu. Knete den Teig in der Schüssel für etwa 5 Minuten, bis er geschmeidig und elastisch ist.
4. Streue die gehackten Kürbiskerne über den Teig und falte den Teig mehrmals, bis die Kürbiskerne gut eingearbeitet sind.
5. Forme den Teig zu einer Kugel, decke die Schüssel mit einem sauberen Tuch ab und lasse den Teig für eine Stunde ruhen und aufgehen.
6. Heize den Ofen auf 220 Grad vor und lege ein Backpapier auf ein Backblech.
7. Knete den Teig kurz durch, forme ihn zu einem Laib und lege ihn auf das Backblech. Bepinsle das Brot mit dem Rapsöl.
8. Backe das Brot im vorgeheizten Ofen für etwa 40 Minuten. Du kannst es aus dem Ofen nehmen, wenn die Kruste schön gebräunt ist und es hohl klingt, wenn du auf den Boden klopfst.
9. Lasse das Brot auf einem Gitter abkühlen, bevor du es anschneidest.

Apfelbrot mit Quark

Zubereitungszeit: 20 Minuten + 2 Stunden Ruhezeit + 40 Minuten Backzeit
Portionen: 1 Brot

Zutaten:

- 125 g Weizenmehl Type 1050
- 75 g Roggenmehl Type 1150
- 75 g Sauerteig
- 1 Apfel, mittelgroß, geschält und geraspelt
- 60 g Quark, Magerstufe
- 1 TL Salz
- 75 ml lauwarmes Wasser
- 1 TL Honig
- 1/2 TL Trockenhefe

Zubereitung:

1. In einer großen Schüssel mische zuerst das Weizenmehl und das Roggenmehl zusammen. Dann gib den Sauerteig, Salz, den Honig und die Trockenhefe hinzu.
2. Nun den Quark hinzufügen und beginne, alle Zutaten zusammen zu mischen. Füge langsam das lauwarme Wasser hinzu und knete alles zu einem glatten Teig. Je nach Mehlbeschaffenheit benötigst du etwas mehr oder weniger Wasser.
3. Sobald der Teig schön glatt und geschmeidig ist, gibst du den geraspelten Apfel hinzu. Knete weiter, bis der Apfel gut im Teig verteilt ist.
4. Decke die Schüssel mit einem sauberen Küchentuch ab und lass den Teig an einem warmen Ort für etwa 2 Stunden ruhen. Der Teig sollte sich in dieser Zeit etwa verdoppeln.
5. Nach der Ruhezeit den Teig noch einmal kurz durchkneten und dann zu einem kleinen Laib formen. Den Backofen auf 200 Grad vorheizen.
6. Das Brot auf ein mit Backpapier belegtes Backblech legen und im vorgeheizten Backofen für etwa 40 Minuten backen. Der Laib ist fertig, wenn er beim Klopfen auf die Unterseite hohl klingt.
7. Lass das Brot vor dem Schneiden komplett abkühlen. Es schmeckt besonders gut mit etwas Butter und Honig.

Brot mit Früchten

Cranberry-Walnuss-Brot

Zubereitungszeit: 15 Minuten + 45 Minuten Backzeit + 30 Minuten Ruhezeit
Portionen: 1 Brot

Zutaten:

- 150 g Weizenmehl Type 550
- 50 g Vollkornmehl
- 1/2 Päckchen Trockenhefe (ca. 3,5 g)
- 1 TL Salz
- 1 TL Zucker
- 120 ml lauwarmes Wasser
- 50 g getrocknete Cranberries
- 50 g gehackte Walnüsse
- 1 EL Sonnenblumenöl

Zubereitung:

1. Vermische das Weizenmehl, das Vollkornmehl, die Trockenhefe, das Salz und den Zucker in einer großen Schüssel.
2. Gib das lauwarme Wasser hinzu und knete den Teig gut durch. Wenn der Teig zu klebrig ist, füge noch etwas Mehl hinzu. Ist er zu trocken, gib noch ein wenig Wasser dazu.
3. Decke die Schüssel mit einem Küchentuch ab und lass den Teig an einem warmen Ort für etwa 15 Minuten ruhen.
4. In der Zwischenzeit kannst du die Cranberries und die Walnüsse in einer Pfanne ohne Öl kurz anrösten, bis sie duften.
5. Füge die Cranberries und die Walnüsse zum Teig hinzu und knete sie gut ein.
6. Forme den Teig zu einer Kugel oder einem länglichen Laib und lege ihn auf ein mit Backpapier ausgelegtes Backblech.
7. Bepinsel die Oberfläche des Brotes mit dem Sonnenblumenöl und lasse es weitere 15 Minuten ruhen.
8. Heize den Backofen auf 200 Grad vor und backe das Brot für etwa 45 Minuten, bis es eine schöne goldbraune Farbe hat.
9. Nimm das Brot aus dem Backofen und lass es auf einem Kuchengitter abkühlen, bevor du es anschneidest.

Birnen-Gorgonzola-Brot

Zubereitungszeit: 15 Minuten + 35 bis 40 Minuten Backzeit + 1 Stunde Ruhezeit
Portionen: 1 Brot

Zutaten:

- 250 g Weizenmehl Type 550
- 7 g Trockenhefe
- 1 TL Salz
- 1 EL natives Olivenöl extra
- 150 ml lauwarmes Wasser
- 1 reife Birne, in kleine Würfel geschnitten
- 75 g Gorgonzola, zerkrümelt
- 2 EL Sonnenblumenkerne

Zubereitung:

1. Gib das Weizenmehl in eine große Schüssel und misch es mit der Trockenhefe und dem Salz. Gieß das Olivenöl und das lauwarme Wasser dazu und knete das Ganze mit den Händen oder einer Küchenmaschine zu einem geschmeidigen Teig.
2. Sobald der Teig eine gleichmäßige Konsistenz hat, gib die gewürfelte Birne, den zerkrümelten Gorgonzola und die Sonnenblumenkerne hinzu. Knet den Teig erneut, bis alle Zutaten gut verteilt sind.
3. Bedeck die Schüssel mit einem sauberen Küchentuch und lass den Teig an einem warmen Ort für etwa 1 Stunde gehen, bis er sich verdoppelt hat.
4. Heiz den Backofen auf 200 Grad vor. Form den aufgegangenen Teig zu einem Laib und leg ihn auf ein mit Backpapier ausgelegtes Backblech.
5. Back das Brot im vorgeheizten Backofen für 35-40 Minuten, bis es goldbraun ist und beim Klopfen auf die Unterseite hohl klingt.
6. Nimm das Brot aus dem Backofen und lass es auf einem Gitter vollständig auskühlen, bevor du es in Scheiben schneidest und servierst.

Feigen-Roggen-Brot

Zubereitungszeit: 15 Minuten + 2 Stunden Ruhezeit + 45 Minuten Backzeit
Portionen: 1 Brot

Zutaten:

- 120 g Roggenmehl Type 1150
- 80 g Weizenmehl Type 1050
- 4 getrocknete Feigen, in kleine Stücke geschnitten
- 1 TL Salz
- 1 TL Trockenhefe
- 160 ml warmes Wasser
- 1 EL natives Olivenöl extra

Zubereitung:

1. Vermische zuerst das Roggenmehl und das Weizenmehl in einer großen Schüssel. Füge Salz und Trockenhefe hinzu und mische alles gut durch.
2. Füge das warme Wasser und das Olivenöl zu der Mehlmischung hinzu und knete den Teig mit den Händen etwa 10 Minuten lang, bis er elastisch und nicht klebrig ist.
3. Gib nun die geschnittenen Feigen zum Teig hinzu und knete ihn nochmals gut durch, damit die Feigenstücke gut verteilt sind.
4. Forme den Teig zu einer Kugel, bedecke die Schüssel mit einem Küchentuch und lasse den Teig an einem warmen Ort für etwa 2 Stunden ruhen, bis er sich in der Größe verdoppelt hat.
5. Heize den Backofen auf 220 Grad vor. Lege ein Backpapier auf ein Backblech und lege den aufgegangenen Teig darauf.
6. Backe das Brot für 15 Minuten auf 220 Grad, reduziere dann die Temperatur auf 180 Grad und backe es weitere 30 Minuten, bis es eine schöne goldbraune Farbe angenommen hat. Du kannst es aus dem Ofen nehmen und abkühlen lassen, bevor du es schneidest.

Kirsch-Mandel-Brot

Zubereitungszeit: 20 Minuten + 40 Minuten Backzeit + 1 Stunde Ruhezeit
Portionen: 1 Brot

Zutaten:

- 150 g Weizenmehl Type 550
- 50 g Mandelmehl
- 30 g frische Kirschen, entsteint und gehackt
- 20 g gehobelte Mandeln, geröstet
- 1 TL Salz
- 2 TL Trockenhefe
- 1 EL Honig
- 160 ml warmes Wasser
- 10 g Haferflocken, zur Dekoration

Zubereitung:

1. Du beginnst, indem du die Trockenhefe und das Honig in das warme Wasser gibst. Das Ganze lässt du 10 Minuten ruhen, bis es schäumt.
2. In einer großen Schüssel mischst du das Weizenmehl und das Mandelmehl mit dem Salz. Füge die Hefemischung hinzu und knete alles gut durch. Der Teig sollte glatt und elastisch sein.
3. Jetzt gibst du die gehackten Kirschen und die gerösteten Mandeln in den Teig. Knete alles erneut, bis die Früchte und Nüsse gleichmäßig verteilt sind.
4. Forme den Teig zu einer Kugel und bedecke die Schüssel mit einem sauberen Tuch. Lass den Teig an einem warmen Ort für etwa 1 Stunde aufgehen, bis er sein Volumen verdoppelt hat.
5. Heize deinen Backofen auf 200 Grad vor. Forme den aufgegangenen Teig zu einem Laib und lege ihn auf ein mit Backpapier belegtes Backblech.
6. Bestreue den Teig mit den Haferflocken und backe das Brot für 40 Minuten oder bis es goldbraun ist und hohl klingt, wenn du darauf klopfst.
7. Lass dein Brot auf einem Gitter komplett auskühlen, bevor du es aufschneidest und servierst.

Zitronen-Himbeer-Brot

Zubereitungszeit: 15 Minuten + 45 Minuten Backzeit
Portionen: 1 Brot

Zutaten:

- 150 g Weizenmehl Type 550
- 50 g Dinkelvollkornmehl
- 1 TL Backpulver
- Prise Salz
- 40 ml Rapsöl
- 40 g Honig
- 60 ml frisch gepresster Bio-Zitronensaft
- Abgeriebene Schale von 1 Bio-Zitrone
- 1 Bio-Ei
- 100 g frische Himbeeren, gewaschen und getrocknet

Zubereitung:

1. Heize deinen Backofen auf 180 Grad vor und bereite eine kleine Brotform (etwa 20cm lang) vor, indem du sie mit etwas Öl einfettest.
2. Mische in einer Schüssel Weizenmehl, Dinkelvollkornmehl, Backpulver und Salz.
3. In einer anderen Schüssel verquirlst du Rapsöl, Honig, Zitronensaft, abgeriebene Zitronenschale und das Ei. Gib die Mischung zu den trockenen Zutaten und verrühre alles zu einem glatten Teig.
4. Ziehe vorsichtig die Himbeeren unter den Teig. Achte darauf, dass sie nicht zerdrücken.
5. Gib den Teig in die vorbereitete Brotform und backe das Brot 45 Minuten im vorgeheizten Backofen. Es ist fertig, wenn ein in die Mitte gestecktes Holzstäbchen sauber wieder herauskommt.
6. Lass das Brot in der Form kurz abkühlen, bevor du es stürzt und vollständig auskühlen lässt. Guten Appetit!

Bananenbrot mit Schokostückchen

Zubereitungszeit: 15 Minuten + 45 Minuten Backzeit
Portionen: 1 Brot

Zutaten:

- 75 g Weizenmehl Type 550
- 25 g Vollkornmehl
- 1 mittelgroße Banane (etwa 120 g), überreif und gepellt
- 30 g dunkle Schokolade (mindestens 70% Kakao), in kleine Stückchen gehackt
- 30 ml Sonnenblumenöl
- 20 g Rohrzucker
- 1 TL Backpulver
- 1/2 TL Natron
- Eine Prise Salz
- 1 EL Haferflocken, zur Dekoration

Zubereitung:

1. Heize den Backofen auf 180 Grad vor. Lege eine kleine Brotbackform (etwa 20cm lang) mit Backpapier aus.
2. In einer großen Schüssel das Weizenmehl, Vollkornmehl, Backpulver, Natron und Salz vermischen.
3. In einer separaten Schüssel die überreife Banane mit einer Gabel gut zerdrücken, bis ein Brei entsteht. Füge das Sonnenblumenöl und den Rohrzucker hinzu und vermische alles gut miteinander.
4. Gib die Bananenmischung zu den trockenen Zutaten in die große Schüssel und rühre alles zusammen, bis gerade so ein Teig entsteht. Füge die gehackte Schokolade hinzu und rühre sie sanft unter.
5. Fülle den Teig in die vorbereitete Backform und streue die Haferflocken obendrauf.
6. Backe das Brot im vorgeheizten Ofen für etwa 45 Minuten, oder bis ein Holzstäbchen, das in die Mitte des Brotes eingeführt wird, sauber herauskommt.
7. Lass das Brot nach dem Backen noch für etwa 10 Minuten in der Form abkühlen, bevor du es herausnimmst und auf einem Kuchengitter vollständig abkühlen lässt.

Erdbeer-Vanille-Brot

Zubereitungszeit: 15 Minuten + 45 Minuten Backzeit + 1 Stunde Ruhezeit
Portionen: 1 Brot

Zutaten:

- 200 g Weizenmehl Type 550
- 50 g Vollkornmehl
- 1 Päckchen Trockenhefe (7 g)
- 1 EL Zucker
- 125 ml warmes Wasser
- 1/2 TL Salz
- 5 frische Erdbeeren, gewaschen und in Scheiben geschnitten
- 1 TL Vanilleextrakt

Zubereitung:

1. In einer Schüssel das Weizenmehl, das Vollkornmehl, die Trockenhefe und den Zucker mischen.
2. Das warme Wasser und das Salz hinzufügen und alles gut durchkneten. Sollte der Teig zu klebrig sein, noch etwas Mehl hinzufügen. Sollte der Teig zu trocken sein, noch etwas Wasser hinzufügen.
3. Den Teig in der Schüssel abdecken und an einem warmen Ort etwa 1 Stunde gehen lassen, bis er sich in der Größe verdoppelt hat.
4. Nachdem der Teig aufgegangen ist, die Erdbeerscheiben und den Vanilleextrakt hinzufügen und nochmals gut durchkneten.
5. Den Teig in eine kleine Brotform geben und bei 180 Grad im vorgeheizten Backofen etwa 45 Minuten backen.
6. Nach dem Backen das Brot aus dem Ofen nehmen und etwa 20 Minuten abkühlen lassen, bevor du es anschneidest.

Orange-Mohn-Brot

Zubereitungszeit: 15 Minuten + 45 Minuten Backzeit
Portionen: 1 Brot

Zutaten:

- 125 g Weizenmehl Type 550
- 25 g Mohnsamen
- 1 TL Backpulver
- 1 TL Salz
- 2 EL Bio-Orangensaft, frisch gepresst
- Abgeriebene Schale einer kleinen Bio-Orange
- 60 ml Wasser
- 2 EL Honig
- 1 EL natives Olivenöl extra

Zubereitung:

1. Zuerst den Backofen auf 180 Grad vorheizen und eine kleine Backform leicht mit Olivenöl einfetten.
2. Weizenmehl, Mohnsamen, Backpulver und Salz in einer Schüssel vermischen.
3. In einer zweiten Schüssel den frisch gepressten Orangensaft, die abgeriebene Orangenschale, Wasser, Honig und Olivenöl gründlich miteinander verquirlen.
4. Nun die flüssigen Zutaten zu den trockenen geben und alles gut durchmischen, bis ein gleichmäßiger Teig entsteht.
5. Den Teig in die vorbereitete Backform geben und glatt streichen.
6. Das Brot im vorgeheizten Ofen für ca. 45 Minuten backen. Ein Zahnstocher, der in die Mitte des Brotes gesteckt wird, sollte sauber herauskommen, wenn das Brot fertig ist.
7. Das Brot aus dem Ofen nehmen und mindestens 10 Minuten abkühlen lassen, bevor du es aus der Form nimmst und in Scheiben schneidest.

Dattel-Walnuss-Brot

Zubereitungszeit: 20 Minuten + 45 Minuten Backzeit + 20 Minuten Ruhezeit
Portionen: 1 Brot

Zutaten:

- 200 g Vollkornmehl
- 50 g Weizenmehl Type 550
- 1 TL Salz
- 1 TL Trockenhefe
- 160 ml warmes Wasser
- 6 Datteln, entsteint und klein gehackt
- 50 g Walnüsse, grob gehackt
- 1 TL Honig

Zubereitung:

1. Nimm eine große Schüssel und gib das Vollkornmehl, Weizenmehl, Salz und Trockenhefe hinein. Verrühre die trockenen Zutaten miteinander.
2. Gib nun das warme Wasser und den Honig zu den trockenen Zutaten und rühre alles gut um, bis sich ein Teig bildet. Knete den Teig etwa 5 Minuten lang, bis er glatt und elastisch ist.
3. Füge die gehackten Datteln und Walnüsse zum Teig hinzu. Knete diese sorgfältig ein, bis sie gleichmäßig im Teig verteilt sind.
4. Decke die Schüssel mit einem Küchentuch ab und lasse den Teig an einem warmen Ort für etwa 20 Minuten ruhen.
5. Heize den Backofen auf 200 Grad vor. Forme aus dem Teig ein kleines Brot und lege es auf ein mit Backpapier ausgelegtes Backblech.
6. Backe das Brot im vorgeheizten Ofen für etwa 45 Minuten, oder bis es eine schöne goldbraune Farbe hat und beim Klopfen auf die Unterseite hohl klingt.
7. Nimm das Brot aus dem Ofen und lasse es auf einem Gitter vollständig abkühlen, bevor du es schneidest. Genieße dein selbstgemachtes Brot!

Aprikosen-Buchweizen-Brot

Zubereitungszeit: 20 Minuten + 1 Stunde Gehzeit + 40 Minuten Backzeit
Portionen: 1 Brot

Zutaten:

- 100 g getrocknete Aprikosen, klein geschnitten
- 150 g Buchweizenmehl
- 50 g Vollkornmehl
- 1 TL Salz
- 2 TL Backpulver
- 1 EL natives Olivenöl extra
- 200 ml Wasser
- 1 TL Honig

Zubereitung:

1. Schneide die getrockneten Aprikosen in kleine Stücke und setze sie zur Seite.
2. Nimm eine große Schüssel und gib das Buchweizenmehl, das Vollkornmehl, das Salz und das Backpulver hinein. Mische die trockenen Zutaten gründlich durch.
3. Füge das Olivenöl, das Wasser und den Honig hinzu. Rühre die Mischung zu einem geschmeidigen Teig.
4. Gib nun die klein geschnittenen Aprikosen dazu und arbeite sie gleichmäßig in den Teig ein.
5. Decke die Schüssel ab und lasse den Teig für eine Stunde ruhen.
6. Heize deinen Ofen auf 180 Grad vor. Forme aus dem Teig eine Kugel oder einen Laib und lege ihn auf ein Backblech mit Backpapier.
7. Backe das Brot im vorgeheizten Ofen für etwa 40 Minuten, oder bis es goldbraun ist und hohl klingt, wenn du auf den Boden klopfst.
8. Lasse das Brot auf einem Rost abkühlen, bevor du es anschneidest. Genieße dein hausgemachtes Brot!

Schoko-Erdnussbutter-Brot

Zubereitungszeit: 10 Minuten + 60 Minuten Backzeit + 30 Minuten Ruhezeit
Portionen: 1 Brot

Zutaten:

- 100 g Vollkornmehl
- 100 g Weizenmehl Type 550
- 1 TL Trockenhefe
- 150 ml warmes Wasser
- 1 EL Rohrzucker
- 2 EL ungesüßtes Kakaopulver
- 2 EL Erdnussbutter
- 1 EL Sonnenblumenöl
- Eine Prise Salz
- 50 g dunkle Schokolade, grob gehackt

Zubereitung:

1. In einer großen Schüssel das Vollkornmehl, Weizenmehl, Kakaopulver und Salz vermischen.
2. In einer anderen Schüssel die Trockenhefe und den Rohrzucker im warmen Wasser auflösen lassen und dann für ungefähr 5 Minuten stehen lassen, bis die Mischung schäumt.
3. Nun die Hefemischung, das Sonnenblumenöl und die Erdnussbutter zum Mehlgemisch geben und alles gut miteinander verkneten.
4. Die dunkle Schokolade hinzufügen und weiter kneten, bis ein geschmeidiger Teig entsteht. Wenn der Teig zu klebrig ist, kannst du ein wenig mehr Mehl hinzufügen.
5. Den Teig mit einem sauberen Tuch abdecken und an einem warmen Ort für ca. 30 Minuten aufgehen lassen.
6. Den Ofen auf 180 Grad vorheizen. Den Teig noch einmal kurz durchkneten und in eine gefettete Brotform geben.
7. Das Brot in den vorgeheizten Ofen schieben und für ca. 60 Minuten backen. Wenn das Brot beim Klopfen auf die Unterseite hohl klingt, ist es fertig.
8. Aus dem Ofen nehmen und auf einem Gitter vollständig abkühlen lassen.
9. Das Brot ist nun bereit zum Genießen. Es ist ein echter Genuss für jeden Schokoladenliebhaber.

Heidelbeer-Vanille-Brot

Zubereitungszeit: 15 Minuten + 60 Minuten Backzeit
Portionen: 1 Brot

Zutaten:

- 200 g Weizenmehl Type 550
- 50 g Roggenmehl Type 1150
- 2 TL Backpulver
- 1 TL Salz
- 50 g Rohrzucker, fein gemahlen
- 1 EL Vanillezucker
- 120 ml Milch, Zimmertemperatur
- 50 g Butter, geschmolzen
- 1 Bio-Ei, verquirlt
- 100 g frische Heidelbeeren, gewaschen und abgetropft
- Schale von 1/2 unbehandelten Bio-Zitrone, gerieben

Zubereitung:

1. Du heizt den Ofen auf 180 Grad vor und bereitest eine kleine Kastenform vor, indem du sie leicht mit Butter ausstreichst und mit Mehl bestäubst.
2. In einer großen Schüssel mischst du das Weizenmehl, Roggenmehl, Backpulver, Salz, Rohrzucker und Vanillezucker miteinander.
3. In einer zweiten Schüssel vermengst du die Milch, geschmolzene Butter und das verquirlte Ei.
4. Nun gibst du die nassen Zutaten zu den trockenen Zutaten und rührst nur so lange, bis alles gerade so vermischt ist.
5. Jetzt fügst du die frischen Heidelbeeren und die geriebene Zitronenschale hinzu und hebst sie vorsichtig unter den Teig.
6. Der Teig wird nun in die vorbereitete Kastenform gefüllt und im vorgeheizten Ofen für etwa 60 Minuten gebacken. Du kannst die Garprobe mit einem Holzstäbchen machen - wenn es sauber herauskommt, ist das Brot fertig.
7. Lass dein Brot vor dem Anschneiden etwas abkühlen. Dann kann es schon serviert und genossen werden.

Süßes Kirsch-Brot

Zubereitungszeit: 15 Minuten + 45 Minuten Backzeit + 75 Minuten Gehzeit
Portionen: 1 Brot

Zutaten:

- 150 g Weizenmehl Type 550
- 100 g Vollkornmehl
- 1 TL Trockenhefe
- 1 EL Zucker
- 125 ml warmes Wasser
- 1 EL natives Olivenöl extra
- 1/4 TL Salz
- 75 g entsteinte und halbierte Süßkirschen

Zubereitung:

1. Die beiden Mehlsorten, die Trockenhefe und den Zucker in eine große Schüssel geben und gut vermischen.
2. Das warme Wasser und das Olivenöl hinzufügen und mit einem Löffel umrühren, bis ein grober Teig entsteht. Dann das Salz hinzufügen und weitermischen.
3. Den Teig auf eine leicht bemehlte Arbeitsfläche geben und ca. 5 Minuten kräftig durchkneten. Der Teig sollte elastisch sein und nicht mehr an den Händen kleben.
4. Den Teig in eine geölte Schüssel legen, abdecken und an einem warmen Ort ca. 1 Stunde gehen lassen, bis sich das Volumen verdoppelt hat.
5. Die Kirschen halbieren und entsteinen.
6. Den aufgegangenen Teig noch einmal kurz durchkneten und die halbierten Kirschen einarbeiten.
7. Den Teig zu einem Laib formen und auf ein mit Backpapier belegtes Backblech legen. Abdecken und weitere 15 Minuten gehen lassen.
8. Währenddessen den Ofen auf 200 Grad vorheizen.
9. Das Brot im vorgeheizten Ofen ca. 45 Minuten backen, bis es eine schöne goldbraune Farbe hat und beim Klopfen auf die Unterseite hohl klingt.
10. Das Brot aus dem Ofen nehmen und auf einem Gitter komplett auskühlen lassen, bevor du es in Scheiben schneidest und genießt.

Brombeer-Haferflocken-Brot

Zubereitungszeit: 15 Minuten + 45 Minuten Backzeit
Portionen: 1 Brot

Zutaten:

- 150 g Brombeeren, frisch und gewaschen
- 120 g Haferflocken, fein
- 80 g Weizenmehl Type 550
- 70 g Roggenmehl Type 997
- 1 TL Backpulver
- 1/2 TL Salz
- 2 EL Sonnenblumenkerne, ungesalzen
- 2 EL Honig, flüssig
- 1 Bio-Ei, zimmerwarm
- 50 ml lauwarmes Wasser

Zubereitung:

1. Heize den Backofen auf 180 Grad vor und lege eine kleine Brotbackform mit Backpapier aus.
2. Gib die Haferflocken, das Weizenmehl, das Roggenmehl, das Backpulver und das Salz in eine große Schüssel. Mische diese trockenen Zutaten gut durch.
3. In einer zweiten Schüssel vermische das Ei mit dem Honig und dem lauwarmen Wasser. Rühre diese feuchten Zutaten gründlich um.
4. Gib nun die feuchten Zutaten zu den trockenen und rühre alles gut durch, bis ein homogener Teig entsteht.
5. Die Brombeeren und die Sonnenblumenkerne werden vorsichtig unter den Teig gehoben.
6. Fülle den Teig in die vorbereitete Brotbackform und streiche die Oberfläche mit einem Löffelrücken glatt.
7. Das Brot kommt nun für 45 Minuten in den vorgeheizten Backofen. Du kannst testen, ob das Brot fertig ist, indem du mit einem Zahnstocher in die Mitte des Brotes stichst. Kommt der Zahnstocher sauber heraus, ist das Brot fertig.
8. Lasse das Brot vor dem Anschneiden einige Minuten auf einem Kuchengitter abkühlen.

Ananas-Kokos-Brot

Zubereitungszeit: 15 Minuten + 45 Minuten Backzeit
Portionen: 1 Brot

Zutaten:

- 100 g Weizenmehl Type 550
- 50 g Vollkornmehl
- 30 g Kokosraspeln, zum Einmischen und Bestreuen
- 1/2 reife Ananas, gewürfelt
- 1 TL Backpulver
- 1/2 TL Salz
- 2 EL Kokosöl, geschmolzen
- 2 EL Honig, oder nach Geschmack
- 60 ml Kokosmilch
- 1 TL Vanilleextrakt

Zubereitung:

1. Heize den Ofen auf 180 Grad vor und bereite eine kleine Brotform vor, indem du sie leicht mit Kokosöl einfettest.
2. In einer mittelgroßen Schüssel mische das Weizenmehl, das Vollkornmehl, das Backpulver, das Salz und die Hälfte der Kokosraspeln.
3. In einer separaten Schüssel mische die Ananaswürfel, das geschmolzene Kokosöl, den Honig, die Kokosmilch und den Vanilleextrakt.
4. Füge die feuchten Zutaten zu den trockenen Zutaten hinzu und rühre gerade so lange, bis alles gut vermischt ist. Überrühre nicht, da das Brot sonst zäh werden könnte.
5. Gieße den Teig in die vorbereitete Brotform und streue die restlichen Kokosraspeln über die Oberseite.
6. Backe das Brot für etwa 45 Minuten im vorgeheizten Ofen oder bis ein Zahnstocher, der in die Mitte gesteckt wird, sauber herauskommt.
7. Lass dein Brot vor dem Schneiden einige Minuten in der Form abkühlen.

Pflaumen-Zimt-Brot

Zubereitungszeit: 20 Minuten + 40 Minuten Backzeit
Portionen: 1 Brot

Zutaten:

- 200 g Vollkornmehl
- 50 g Roggenmehl Type 997
- 1 TL Backpulver
- 1 TL Salz
- 2 TL Zimt
- 40 ml Ahornsirup
- 160 ml warmes Wasser
- 70 g frische Pflaumen, entsteint und in kleine Stücke geschnitten

Zubereitung:

1. Heize deinen Backofen auf 200 Grad vor und lege eine kleine Backform mit Backpapier aus.
2. In einer mittelgroßen Schüssel mischst du das Vollkornmehl, das Roggenmehl, das Backpulver, das Salz und den Zimt.
3. Gib den Ahornsirup und das warme Wasser in die Schüssel und vermische alles zu einem glatten Teig.
4. Füge die Pflaumenstücke hinzu und knete sie vorsichtig in den Teig ein.
5. Gib den Teig in die vorbereitete Backform und backe das Brot für ca. 40 Minuten im vorgeheizten Ofen.
6. Lass dein Brot nach dem Backen kurz ruhen, bevor du es aus der Form nimmst.

Honig-Nuss-Brot

Zubereitungszeit: 15 Minuten + 45 Minuten Backzeit + 30 Minuten Ruhezeit
Portionen: 1 Brot

Zutaten:

- 150 g Weizenmehl Type 1050
- 50 g Vollkornmehl
- 50 g gemischte Nüsse (Walnüsse, Mandeln, Haselnüsse), grob gehackt
- 2 EL Honig, flüssig
- 1 TL Backpulver
- 1/2 TL Salz
- 50 g getrocknete Früchte (z.B. Rosinen, Aprikosen), kleingeschnitten
- 180 ml lauwarmes Wasser
- 1 EL Sonnenblumenöl

Zubereitung:

1. Heize deinen Ofen auf 180 Grad vor. In einer großen Schüssel vermischst du die Mehlsorten, das Backpulver und das Salz.
2. Gib die gehackten Nüsse und die kleingeschnittenen Früchte dazu und mische alles gut durch.
3. Nun fügst du den Honig und das lauwarme Wasser hinzu und rührst das Ganze gut um, bis du einen geschmeidigen Teig erhältst.
4. Nimm eine kleine Brotbackform und pinsel sie mit dem Sonnenblumenöl aus. Gib nun den Teig hinein und glätte die Oberfläche mit einem Spatel.
5. Backe das Brot für etwa 45 Minuten. Wenn die Oberseite goldbraun ist und das Brot beim Klopfen auf die Unterseite hohl klingt, ist es fertig.
6. Lass das Brot in der Form für etwa 10 Minuten abkühlen, bevor du es herausnimmst. Dann solltest du es noch weitere 20 Minuten abkühlen lassen, bevor du es anschneidest.

Apfel-Zimt-Brot

Zubereitungszeit: 15 Minuten + 60 Minuten Backzeit + 1 Stunde Gehzeit
Portionen: 1 Brot

Zutaten:

- 150 g Weizenmehl Type 405
- 50 g Vollkornmehl
- 1 TL Trockenhefe
- 2 EL Rohrzucker
- 1 TL Zimt
- 1 mittelgroßer Apfel, geschält und gerieben
- 125 ml warmes Wasser
- 1 EL Sonnenblumenöl
- Eine Prise Salz

Zubereitung:

1. In einer Schüssel mische das Weizenmehl, das Vollkornmehl, die Trockenhefe, den Rohrzucker und den Zimt zusammen.
2. Gib den geriebenen Apfel dazu und rühre alles gut um.
3. Füge das warme Wasser und das Sonnenblumenöl hinzu. Knete den Teig etwa 10 Minuten lang, bis er geschmeidig und elastisch ist. Wenn er zu klebrig ist, kannst du noch etwas Mehl hinzufügen.
4. Decke die Schüssel mit einem sauberen Tuch ab und lass den Teig an einem warmen Ort etwa eine Stunde lang gehen, bis er sich in der Größe verdoppelt hat.
5. Heize den Backofen auf 180 Grad vor.
6. Forme den Teig zu einem Laib und lege ihn auf ein mit Backpapier ausgelegtes Backblech.
7. Backe das Brot 60 Minuten lang, bis es goldbraun ist und hohl klingt, wenn du auf die Unterseite klopfst.
8. Lass das Brot auf einem Gitter abkühlen, bevor du es in Scheiben schneidest und servierst.

Marzipan-Rosinen-Brot

Zubereitungszeit: 20 Minuten + 40 Minuten Backzeit + 60 Minuten Ruhezeit
Portionen: 1 Brot

Zutaten:

- 125 g Vollkornmehl
- 75 g Weizenmehl Type 550
- 1/2 Päckchen Trockenhefe (ca. 3,5 g)
- 1 EL Zucker
- 1 Prise Salz
- 75 ml warmes Wasser
- 25 g Butter, weich
- 75 g Marzipanrohmasse, kleingeschnitten
- 50 g Rosinen, gewaschen

Zubereitung:

1. Vermische zuerst das Vollkornmehl mit dem Weizenmehl in einer großen Schüssel.
2. Gib die Trockenhefe, den Zucker und das Salz dazu und rühre die trockenen Zutaten gut durch.
3. Füge das warme Wasser und die weiche Butter hinzu und knete alles mit deinen Händen oder mit einer Küchenmaschine zu einem geschmeidigen Teig. Es sollte ungefähr 10 Minuten dauern.
4. Sobald der Teig glatt ist, gib die kleingeschnittene Marzipanrohmasse und die Rosinen dazu. Knete alles nochmals durch, bis die Zutaten gleichmäßig im Teig verteilt sind.
5. Decke die Schüssel mit einem Küchentuch ab und lass den Teig an einem warmen Ort für etwa eine Stunde ruhen. Der Teig sollte sich in dieser Zeit in seiner Größe verdoppeln.
6. Heize deinen Backofen auf 180 Grad vor.
7. Knete den Teig noch einmal kurz durch und forme ihn zu einem kleinen Brotlaib. Lege das Brot auf ein mit Backpapier ausgelegtes Backblech.
8. Backe das Brot für etwa 40 Minuten im vorgeheizten Ofen. Das Brot ist fertig, wenn es eine goldbraune Farbe angenommen hat und beim Klopfen auf die Unterseite hohl klingt.
9. Lass das Brot auf einem Kuchengitter vollständig abkühlen, bevor du es anschneidest.

Schokolade-Mokka-Brot

Zubereitungszeit: 20 Minuten + 50 Minuten Backzeit
Portionen: 1 Brot

Zutaten:

- 150 g Weizenmehl Type 550
- 50 g Roggenmehl Type 1150
- 50 g Kakaopulver (ungezuckert)
- 1 TL Backpulver
- 50 g Zucker
- 1 TL Salz
- 50 g getrocknete Früchte (z.B. Cranberries oder Kirschen), grob gehackt
- 50 ml frisch aufgebrühter Mokka
- 50 g dunkle Schokolade (70%), in kleine Stücke gebrochen
- 100 ml Buttermilch
- 1 EL natives Olivenöl extra

Zubereitung:

1. Heize den Ofen auf 180 Grad vor. Bereite eine kleine Kastenform vor, indem du sie mit etwas Öl einfettest.
2. Mische in einer Schüssel das Weizenmehl, Roggenmehl, Kakaopulver, Backpulver, Zucker und Salz. Füge dann die gehackten getrockneten Früchte hinzu.
3. In einem kleinen Topf bringst du den Mokka zum Kochen und gibst dann die Schokolade hinein. Rühre die Mischung so lange, bis die Schokolade geschmolzen ist.
4. Gieße die heiße Schokoladen-Mokka-Mischung zusammen mit der Buttermilch und dem Olivenöl in die Schüssel mit den trockenen Zutaten. Vermenge alles gut miteinander, bis ein geschmeidiger Teig entsteht.
5. Fülle den Teig in die vorbereitete Kastenform und backe das Brot für etwa 50 Minuten im Ofen. Prüfe mit einem Holzstäbchen, ob das Brot fertig ist - wenn kein Teig mehr daran klebt, ist dein Brot fertig.
6. Lass das Brot vor dem Anschneiden etwas abkühlen. Guten Appetit!

Schlusswort

Liebe Leserin, lieber Leser,

jetzt sind wir am Ende angekommen. Es war mir eine große Freude, mein Wissen und meine Leidenschaft für das Brotbacken mit dir zu teilen.

Die Rezepte, die du ausprobiert hast, sind nur der Anfang. Mit den Kenntnissen und Fähigkeiten, die du nun besitzt, bist du gut gerüstet, um deine eigenen Rezepte zu entwickeln und zu experimentieren. Denke daran, dass das Brotbacken eine Kunst ist, die ständige Praxis und Anpassung erfordert. Sei nicht entmutigt, wenn nicht jedes Brot perfekt wird. Jeder Misserfolg ist eine Chance, zu lernen und zu wachsen.

Während du weiterhin dein Brotbacken verfeinerst, denke daran, den Prozess zu genießen. Der Duft von frisch gebackenem Brot, das Gefühl des Teigs unter deinen Händen, der Geschmack eines warmen Stückes Brot direkt aus dem Ofen – all dies sind unschätzbare Momente, die das Brotbacken zu einem wahrhaft erfüllenden Erlebnis machen.

Vergiss nicht, die Freude am Brotbacken zu teilen. Ein selbstgebackenes Brot ist mehr als nur ein Nahrungsmittel. Es ist ein Ausdruck von Liebe und Fürsorge, ein Geschenk, das von Herzen kommt. Es gibt wenige Dinge, die so erfüllend sind, wie das Teilen eines selbstgebackenen Brotes mit Freunden und Familie.

Herzliche Grüße,

Deine Sarah Müller

Impressum

Verlagslabel: DIY-Kochparadies Verlag

Dieses Buch wurde mit der Unterstützung von KI erstellt.

ISBN Taschenbuch: 978-3-384-21321-1
ISBN Hardcover: 978-3-384-21322-8
ISBN E-Book: 978-3-384-21323-5

Druck und Distribution im Auftrag des Autors/der Autorin:
tredition GmbH, Heinz-Beusen-Stieg 5, 22926 Ahrensburg, Deutschland

www.ingramcontent.com/pod-product-compliance
Lightning Source LLC
La Vergne TN
LVHW051256200726
843510LV00010B/1142

* 9 7 8 3 3 8 4 2 1 3 2 1 1 *